Das Hirschgraben Sprachbuch

Hauptschule Bayern

10. Schuljahr

Arbeitsheft

Erarbeitet von:
Werner Heidenreich, Roßtal
Claudia Kraus, Roßtal

Cornelsen

Erarbeitet auf der Grundlage der Ausgabe
von:
Jürgen Arnet, Ursula Burkhardt,
Günter Haardt, Ingeborg Kirsch,
Marlene Schommers, Marianne Steigner,
Gudrun Wietusch, Georg Zilliken

Textquellenverzeichnis

S. 4   Nürnberger Nachrichten vom 25. 3. 1999
S. 6   Reiner Kunze: Weihnachten. Aus: Die wunderbaren Jahre. S. 238 Fischer Taschenbuch Verlag, Frankfurt/Main 1978
S. 8   Jo Pestum: Der Wechselschichtvater. Aus: City-Glück und Straßen-Blues: Geschichten von den fröhlichen und den traurigen Augenblicken des täglichen Lebens. S. 73 Arena edition Pestum, Würzburg 1989
S.13   „Mallorca", Microsoft R Encarta R 99, Enzyklopädie R 1993–1998, Microsoft Corporation
S.14   ITS Reisekatalog Flugreisen Sommer 2000 Spanien/ Portugal, S. 10
S.16   Hartmut Schürbusch: Zorn auf „Ballermänner". Nürnberger Nachrichten vom 4./5. 9. 1999
S.19   Die Deutschen bleiben Reiseweltmeister. Aus: Das Jahrbuch Nr. 1. Aktuell 2000, S. 290. Harenberg, Dortmund 1999
S. 21 ADAC motorwelt, 4/1991
S. 22 Spagat zwischen Kind und Karriere. Nürnberger Nachrichten vom 27. 7. 1999
S. 23 Positive und negative Trends / Vom Ideal zur Verwirklichung im Alltagsleben. Aus: Das Jahrbuch Nr. 1. Aktuell 2000, S. 280 ff. Harenberg, Dortmund 1999
S. 24 Max Planck: Wissenschaftliches Studium … Aus: Spurensuche Geschichte. Band 3, S. 48. Hrsg. von P. Knoch. Klett Verlag, Stuttgart 1991; Akademikerinnen. Aus: Das Jahrbuch Nr. 1. Aktuell 2000, S. 282. Harenberg, Dortmund 1999; Früh übt sich … Aus: K. Poell, W. Tietze, E. Toubartz: Wilde Zeit: Von Teddyboys zu Technokids. S. 16. Mülheim an der Ruhr 1996
S. 36 Wie viel Mitsprache hat der Stuttgarter Jugendrat? Aus: Anzeiger der Nürnberger Nachrichten vom 27. 1. 1999
S. 43 Charles Darwin. Aus: Microsoft R Encarta R 99, Enzyklopädie R 1993–1998, Microsoft Corporation
S. 60/62 Aus: Microsoft R Encarta R 99, Enzyklopädie R 1993–1998, Microsoft Corporation

S. 66 Bernd Regenauer: Was fränkische Autoren von der Rechtschreibreform halten. Aus: Nürnberger Nachrichten vom 30. 7. 1999
S. 66 Aus der Geschichte der Orthografie. Aus: Nürnberger Nachrichten vom 16. 6. 1999
S. 70 Georg Heym: Der Winter. Aus: Dichtungen und Schriften. Hrsg. von Karl-Ludwig Schneider. Heinrich Ellermann Verlag. Hamburg, München 1964
S. 76 Das grenzt an Diskriminierung … Interview mit Fitzgerald Kusz von Hartmut Voigt. Aus: Nürnberger Nachrichten vom 4. 8.1999
S. 77 So was g'hört doch ned … Aus: Nürnberger Nachrichten vom 3. 8.1999

Bildquellenverzeichnis

S. 4   dpa
S. 8   Thomas Schulz, Hohen Neuendorf
S.12   Frank Peterschröder / Bilderberg, Hamburg
S.17   Dorothea Schmid / Bilderberg, Hamburg
S. 23 Globus, Hamburg
S. 24 Zeichnungen aus: K. Poell, W. Tietze, E. Toubartz: Wilde Zeit: Von Teddyboys zu Technokids. Mülheim an der Ruhr 1996
S. 25 Aus: Wochen-Magazin der Nürnberger Nachrichten vom 4./5. 9. 1999 (1); Corel Library (1)
S. 32 Thomas Schulz, Hohen Neuendorf
S. 37 Schaubilder: Heiner Lamprecht, KIJUMFO Tübingen, heiner@kijumfo.de
S. 45 Archiv Enev Design (1); OKAPIA, Frankfurt am Main (1)
S. 66 Archiv für Kunst und Geschichte, Berlin
S. 76 Nürnberger Nachrichten / Linke
S. 78 Angelika Wagener, Berlin

Nicht in allen Fällen war es uns möglich, die Rechteinhaber der Abbildungen ausfindig zu machen. Berechtigte Ansprüche werden selbstverständlich im Rahmen der üblichen Vereinbarungen abgegolten.

 http://www.cornelsen.de

Redaktion: Christina Nier
Illustration: Franz Zauleck

Dieses Werk berücksichtigt die Regeln der reformierten Rechtschreibung und Zeichensetzung.
Bei den mit ⓡ gekennzeichneten Texten haben die Rechteinhaber einer Anpassung widersprochen.

1. Auflage ✔ €   Druck 4 3 2 1   Jahr 03 02 01 2000

Druck: CS-Druck Cornelsen Stürtz, Berlin

ISBN 3-464-60593-0

Bestellnummer 605930

Gedruckt auf Recyclingpapier, hergestellt aus 100 % Altpapier.

Inhalt

Sprechen und Schreiben

Kreativ mit Sprache umgehen – mediale Mittel nutzen

Eine komplette Litfaßsäule hat ein über beide Ohren verliebter (und zahlungskräftiger) Mann in Regensburg gemietet, um seine Claudia zu umwerben. Die auffällig gestaltete Liebeserklärung ist zurzeit Stadtgespräch. Wer die Litfaßsäule gemietet hat und um welche Claudia es geht, ist bisher nicht bekannt.

Foto: dpa   Nürnberger Nachrichten, Donnerstag, 25. März 1999

1. Welche Geschichte könnte sich hinter dieser Litfaßsäulen-Aktion verbergen?
Schreibe sie in dein Heft.

2. Auf dem Zeitungsfoto ist nur eine Seite der Litfaßsäule zu sehen. Gestalte die fehlende Hälfte.

3. Was würdest du auf „deine Litfaßsäule" schreiben, wenn du einmal die Gelegenheit dazu hättest?

_____

_____

_____

_____

4. Der Verehrer könnte seine Gefühle für Claudia auch auf anderen Wegen offenbaren, z. B. über das Radio (Kassette), durch ein Kurzvideo, in einer Zeitungs-/Zeitschriftenanzeige, im Internet. Probiere eine der genannten Gestaltungsmöglichkeiten aus.

Texte kreativ verändern

Reiner Kunze
„Weihnachten"

Sie saß neben mir auf der Bank und
badete ihr Gesicht in der Sonne. Sie hatte
ihre Augenbrauen ausgewechselt, mit
Pinzette: ein für allemal. Die neuen waren
strenge Linien, die von der Kindheit
trennten.

Wir schwiegen, sie bei geschlossenen
Augen. Doch wer weiß, was sie sah,
denn plötzlich sagte sie: „Wenn doch
schon Weihnachten wäre."
Die Rosen blühten.
„Was hast du vor zu Weihnachten?"
fragte ich.
„Nichts", sagte sie. „Aber dann wäre doch
Weihnachten."

Ich entsann mich, daß sie auch
vergangenes Jahr nicht hatte auf den
Weihnachtsbaum verzichten wollen.
Geschmückt mit Lametta, Zuckerwerk
und zwölf Kerzen, hatte er in ihrem
Zimmer gestanden – vor einem riesigen
roten Plakat mit lachendem Che
Guevara.

R

1. Der Text lässt viele Fragen offen. Schreibe deine Fragen oder Anmerkungen zum Text an den Rand.

2. Denk dir Antworten zu deinen Fragen aus.

3. Füge einige deiner Fragen und/oder Antworten in den Text ein. Schreibe nach Möglichkeit am Computer. Verwende für den Originaltext und für deine Einfügungen unterschiedliche Schriftarten.

4. Weihnachten – Kindsein – Trennung von der Kindheit
   Sammle deine eigenen Gedanken zu diesem Thema und schreibe einen kurzen Text dazu.

Tschüss!

8   Sich mit
einem literarischen Text
auseinander setzen

Einen literarischen Text erschließen

Die Geschichte spielt in den 70er-Jahren im Ruhrgebiet. Gerdas Vater hat als Stahlkocher in Wechselschicht einen Knochenjob. Seine Welt besteht aus der Eisenhütte, der Familie, Schalke 04 und – dem Alkohol. Als er zu einer Kur ins Sanatorium soll, begleitet ihn Gerda zum Bahnhof.

Jo Pestum
Der Wechselschichtvater (Auszug)

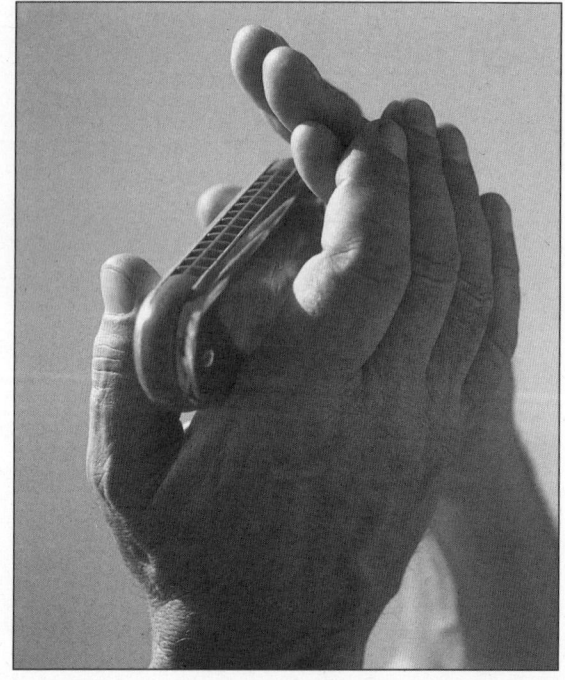

Unter der Bahnsteiguhr spielte ein Kind für sich allein Hüpfekästchen. Ein Spatz pickte an seiner Schultasche herum. Die zwei Beerdigungsfrauen lutschten Salmiakpastillen.
5 Die Tauben stritten um ein Stück Knäckebrot. Der Wind wurde stärker.
„Noch achtzehn Minuten", sagte der Vater. Er zerrieb die Zigarettenkippe mit der Schuhsohle, bis nur noch ein schwarzer Fleck auf
10 der Steinplatte zu sehen war, und stand nun mit leeren Händen da.
Diese großen Hände. Wie von Leder überzogen. Zu groß für die dünnen Arme, zu groß für den schmächtigen Körper. Schöne Maulwurf-
15 hände, die immer nach irgendetwas zu greifen schienen. Leer wirkten diese Hände wie überflüssig, irgendwie das Bild störend.
Die Erinnerung an frühe Kindertage: Die großen Hände strichen das Kissen glatt, glit-
20 ten sanft, aber doch rau wie Echsenhaut über das Gesicht, brachten schneller Schlaf als das Singen der Mutter. Alle Dinge wurden lächerlich klein in diesen Händen: das Besteck beim Essen, der Stift beim Schreiben, die Mund-
25 harmonika …
An die Mundharmonika, verdeckt von den großen Händen, erinnerte Gerda sich genau. Damals hatte der Vater manchmal kleine Lieder gespielt. Vor der Weihnachtsbescherung
30 hatte er immer „Ihr Kinderlein, kommet" geblasen. Und Wanderlieder hatte er bisweilen abends versucht, hatte häufig die Halbtöne nicht gefunden, musste von neuem anfangen in anderer Tonlage. Einmal hatte
35 Gerald gelacht. Danach hatte der Vater nicht wieder gespielt. Die Mundharmonika lag jetzt zwischen Strumpfhosen und Taschentüchern in der Schublade der Frisierkommode und hatte Rost angesetzt. Gerda dachte: Ob er
40 drauf spielt, wenn niemand da ist? Dann entschied sie: bestimmt nicht.
Dass der Vater auf der Eisenhütte arbeitete, wollte eigentlich niemand recht glauben. Mit eins dreiundsechzig und solch einem dünnen
45 Körper ist man doch eigentlich Friseur oder Postbeamter oder Uhrmacher. Stahlkocher. Das war für Gerda ein Wort, das Angst machte. Was ihr Vater wirklich arbeitete, wusste sie nicht. Er sprach nicht darüber und
50 hatte auf Fragen nur verwirrende Antworten gegeben. Inzwischen fragte ihn auch keiner mehr.
„Und erhol dich mal so richtig, Vadder!"
Die großen Hände krochen in Jackentaschen
55 herum. „Ich dachte schon, ich hätte die Lesebrille nicht eingesteckt."
„Wir hätten sie dir sonst schnell nachgeschickt. Kannst doch mal einen Tag ohne Jerry Cotton* auskommen."
60 „Einen Tag? Ne Woche! Bei der Schneckenpost heuzutage."
„Na, du hast sie ja."
Es ist ganz seltsam, dass er wegfährt, dachte Gerda. Das passt gar nicht zu ihm. Dieses
65 Fahrstuhlgefühl im Magen plötzlich. Sie suchte nach Wörtern, um das Schweigen zu füllen, fand aber keine.

*Held einer Taschenbuch-Krimireihe

1. Notiere die Informationen, die du über die Lebenssituation der beiden erhältst, in Stichpunkten.

_____

_____

_____

_____

_____

2. Beschreibe das Verhältnis, das Vater und Tochter zueinander haben, mit eigenen Worten.

_____

_____

_____

_____

_____

3. Welche Gefühle verbindet Gerda mit der Berufsbezeichnung des Vaters? Zitiere die entsprechende Textstelle und beschreibe die Gründe für Gerdas Einstellung.

_____

_____

_____

_____

4. Gerda beschreibt ihren Vater mit bildhaften Ausdrücken. Schreibe diese Bezeichnungen auf und beschreibe die Vorstellungen und Gefühle, die du damit verbindest.

_____

_____

_____

_____

_____

→

5. a) Die Tochter erinnert sich an einige Details aus ihrer Kindheit. Warum tut sie das deiner Meinung nach?

_____

_____

_____

_____

b) Beschreibe eine Situation, in der du dich plötzlich an deine Kindheit erinnert hast.

_____

_____

_____

_____

_____

_____

_____

6. Der erste Abschnitt des Textes ähnelt einer „Momentaufnahme" mit der Kamera. Versetze dich in die Situation eines Beobachtenden auf dem Bahnhof und beschreibe möglichst genau deine Wahrnehmungen. Schreibe im Präsens.

_____

_____

_____

_____

_____

_____

_____

_____

7. Gerda schafft es nicht, offen mit ihrem Vater zu reden. Was möchte sie ihm deiner Meinung nach eigentlich sagen? Schreibe es aus Gerdas Perspektive auf.

8. a) Manchmal kann man gerade einer nahe stehenden Person gegenüber nicht aussprechen, was in einem selbst vorgeht. Erfinde zwei Personen, die sich in einer solchen Situation befinden. Charakterisiere sie kurz in Stichpunkten.

b) Schreibe einen Dialog in dein Heft, in dem sich die beiden Personen über Nebensächliches unterhalten. Schildere parallel dazu die Gedanken und Gefühle aus der Sicht einer der beiden Personen. Du kannst dich auch auf eigene Erfahrungen beziehen.

Sich mit einem Thema auseinander setzen: Tourismus

Mallorca

1. a) Mallorca – was weißt du darüber? Schreibe stichpunktartig als Cluster auf, was dir spontan einfällt.

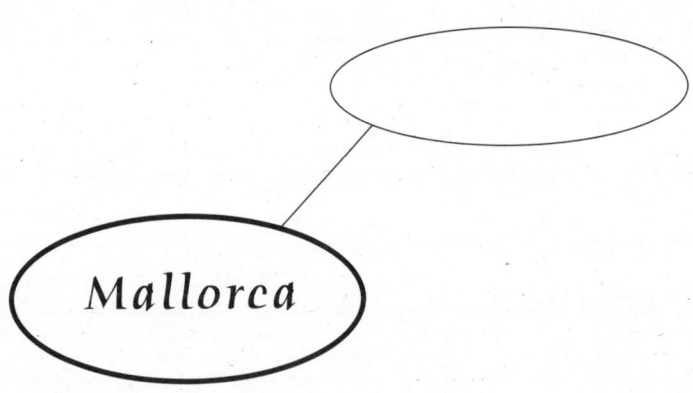

   b) Woher stammen deine Informationen hauptsächlich?

_____

_____

2. a) Der folgende Text stammt aus einem Lexikon. Welche der darin enthaltenen Informationen sind neu für dich? Unterstreiche.

Mallorca, Insel im Osten Spaniens, mit 3640 Quadratkilometern größte Insel der Balearen. Hauptstadt und Haupthafen ist Palma de Mallorca. Mallorca ist ein sehr beliebtes Ferienziel. Der Nordwesten der Insel ist gebirgig, die Höhenzüge liegen zwischen 1070 und 1525 Metern über dem Meeresspiegel. Die Hauptwirtschaftszweige sind neben dem Tourismus die Landwirtschaft, der Bergbau und die Fischerei. Ferner sind die Schweine- und Schafhaltung sowie der Abbau von Marmor, Kupfer und Blei von Bedeutung. Auf der Insel lebten u. a. der Dichter Robert Graves und der Komponist Frédéric Chopin, der mit der Schriftstellerin George Sand in Valldemosa wohnte, wo er mehrere seiner bedeutenden Werke komponierte. Die Einwohnerzahl beträgt etwa 600 000.

b) Vergleiche dein Vorwissen mit den Informationen aus dem Lexikon. Welche verbreiteten Vorstellungen bestimmen das allgemeine Bild von Mallorca?

_____

_____

_____

_____

_____

_____

_____

c) Klischees setzen sich stärker im Bewusstsein fest als Sachinformationen. Begründe kurz und gehe dabei auf den Begriff *Klischee* ein. Schlage den Begriff in einem Fremdwörterbuch nach.

_____

_____

_____

_____

_____

_____

_____

_____

$\rightarrow$

Zwischen einsamer Natur und vollem Vergnügen

Urlaub zum Aufdrehen und Abschalten

Insel Mallorca – Die Insel der langen Sandstrände und romantischen Buchten, des bunten Küstenlebens und der ungezählten Unterhaltungsmöglichkeiten. Und das andere
5 Mallorca, die – fast – unbekannte Insel der verschlafenen Bergdörfer, stillen Eremitagen, der weiten, fruchtbaren Ebenen im Südwesten und der bizarren Gebirgslandschaften im Norden und Nordwesten. Eine Kombination von
10 Attraktionen, die Ihren Urlaub zum Erlebnisurlaub machen – wenn Sie nur wollen! Nicht nur Sonnen und Faulenzen – Reisen und Genießen heißt die Parole der Inselentdecker! Organisierte Busausflüge oder Fahrten mit
15 dem Mietwagen bieten sich an, um neben den vielfältigen Landschaftsformen auch zahl-
reiche, teilweise recht gut erhaltene Zeugnisse der frühen Geschichte kennen zu lernen. Die kulinarische Überraschung unterwegs: Hervorragende mallorquinische Spezialitäten 20 sind nicht teurer als das gastronomische Angebot der Tourismuszentren. Über 500 km Küste, davon etwa 50 km Strand, strahlend blaues Meer mit hervorragender Wasserqualität, dank umfangreicher Umweltschutz- 25 maßnahmen in den letzten Jahren. Märkte mit reichhaltigem Angebot an Holz- und Keramikwaren. Sportmöglichkeiten von Golf und Tennis über Radfahren, Reiten, Wandern bis zum Tauchen, Segeln, Surfen, Wasserski. Aber 30 eben auch: Naturparks, Orangenhaine, Klöster und Kastelle.

1. a) Woran kannst du erkennen, dass es sich um einen Werbetext handelt?
   Unterstreiche typische Textstellen.
   b) Beschreibe die Merkmale der Textsorte (Adressat – Absicht – Inhalt – Gestaltung).

_____

_____

_____

_____

_____

2. a) In einem Werbetext kommt den Adjektiven besondere Bedeutung zu. Unterstreiche die Adjektive
   im Text farbig.
   b) Ordne die beigefügten Adjektive:

objektive Bezeichnung (Fakten)	subjektive Bezeichnung (Wertung)
lange Sandstrände	*romantische Buchten*

c) Die Textstelle „verschlafene Bergdörfer" (Z. 6) bildet eine Metapher. Erkläre die damit verknüpfte bildhafte Vorstellung.

_____

_____

3. a) Der Text will Touristengruppen mit ganz unterschiedlichen Interessen erreichen. Belege dies anhand von Textstellen und erläutere kurz die damit verbundene Absicht der Werbetexter.

Urlaubswünsche der Touristen	Textstellen

Absicht der Werbetexter:

_____

_____

b) Wie stellst du dir deinen „Traumurlaub" vor? Was sollte ein Urlaubsort bieten, in dem du deine Ferien (allein / mit …) verbringen möchtest? Beschreibe den (Fantasie-)Ort im Stil eines Reiseprospektes.

_____

_____

_____

_____

_____

_____

→

Mallorca macht mobil gegen den Massentourismus

Zorn auf „Ballermänner"

Urlauber mit „Vandalen" verglichen – Abriss von Häusern?

VON HARTMUT SCHÜRBUSCH

PALMA – „Aleman nach Mallorca"– So wirbt die Düsseldorfer Ferienfluggesellschaft LTU für ihren „Palma-Shuttle". Deutsche nach Mallorca? Ja, schon, doch nicht alle Mann: Die Mittelmeer-
5 insel macht mobil gegen Massentourismus und Überfremdung.

Von Einführung einer „Ökosteuer" für Touristen ist die Rede, vom Rückbau der Bettenburgen, vom Abriss „illegal" gebauter Fincas und Ferien-
10 häuser. Stattdessen sollen Naturschutzgebiete geschaffen werden. Weniger Strandurlauber, mehr Wanderer und – vor allem – Golfer, ist die Devise der neuen Mitte-Links-Regierung der Balearen, zuständig für Mallorca, Ibiza, Formen-
15 tera und Menorca. Das Motto: mehr Klasse als Masse.

Jede Minute ein Flugzeug

Freilich: Erst letztes Jahr wurde die Erweiterung des Flughafens Son Sant Joan in Palma groß gefeiert. In der Hauptsaison startet und landet
20 dort jede Minute ein Urlauberjet. Allein hundert Maschinen täglich kommen aus Deutschland. Dreieinhalb Millionen Urlauber stürmen jedes Jahr die Insel. An der Spitze die Deutschen: 100 000 kommen jede Woche in Palma an. Die
25 mehr als 550 000 Hotelbetten werden selbst im Winter knapp. Für die neue Saison hat die LTU-Touristik erstmals Campingplätze angemietet.

„Die Vandalen kommen zurück", stöhnt die Presse. Geweckt werden Erinnerungen an die
30 Germanen, die um das Jahr 450 auf den Balearen wüteten und sich dort festsetzten.

Heute sind damit vor allem die grölenden Horden gemeint, die frech den Strandabschnitt „Balneario 6" in El Arenal in „Ballermann 6"
35 umbenannt haben und „Bierstraße" und „Schinkenstraße" besetzt halten. Oder die jungen Wilden, die auf Ibiza die Nacht zum Tage machen. Doch auch prominente „Eroberer" bleiben von der Kritik nicht verschont: Claudia Schiffer, die
40 eine ganze Landzunge „okkupiert" hat, und Boris Becker, der aus einer alten Finca „ein Schloss" mit Gäste- und Gesindehaus, mit Schwimmbad und Tennisplätzen machen will.

70 000 Deutsche, so schätzt man, haben inzwi-
45 schen Immobilienbesitz auf Mallorca. 35 000 leben ständig dort. Sie wohnen auf dem „Hamburger Hügel", in „Kampen" oder im „Düsseldorfer Loch" – versorgt von eigenen Ärzten und Apothekern, Bäckern und Bankern. Die AOK ist
50 vertreten, die Bausparkasse BHW und der Drogeriemarkt Schlecker.

Plätze nur für Deutsche

Einen „Aufstand" der Einheimischen gab es am 17. Juli. Mit Trillerpfeifen und Trommeln protestierten junge Mallorquiner vor der Stier-
55 kampfarena in Palma gegen eine „Fiesta colonial": Aus dem historischen Rund wurde Thomas Gottschalks Fernsehshow „Wetten, dass …" übertragen. Die 6000 Plätze waren ausschließlich reserviert für Deutsche, ein Großteil für die Sen-
60 dung extra eingeflogen von der LTU. Mallorca, das siebzehnte deutsche Bundesland?

Die meisten Urlauber spüren bislang kaum etwas von den (neuen) Ressentiments. Auch nichts von dem „frischen Wind", den die Regie-
65 rung angekündigt hat. Heimkehrer loben nach wie vor die Freundlichkeit der Menschen vor Ort. Kein Wunder: Die Taxifahrer, Kellner, Wirte und Hoteliers wissen schließlich, dass sie vom Tourismus leben. Auf Mallorca wird das zweit-
70 höchste Pro-Kopf-Einkommen Spaniens erwirtschaftet. Ohne die Urlauberflut wären die Balearen längst ausgetrocknet – auch wenn die Touristen jetzt schuld am Wassermangel sein sollen.

Nur einige „Ballermänner" sind unzufrieden: 75 Es ist neuerdings verboten, nackt auf den Tischen

zu tanzen und mit Schaschlik zu werfen. Auch darf Sangria nicht mehr in Fünf- oder Zehnlitereimern serviert werden. Außerdem haben die
80 Behörden angeordnet, das Mischungsverhältnis des Kultgetränkes zu ändern: mehr Orangensaft, weniger Rotwein und Rum. Wenn es nach Tourismusminister Celestino Alomar geht, kommt es noch schlimmer: Er will die Urlauberhochburgen in El Arenal und Magaluf bei Palma so 85 „schleifen", dass sie für Billigreisende nicht mehr attraktiv sind. Und sie sollen trockengelegt werden: „Wir wollen in Zukunft nicht den Alkohol, sondern saubere Luft literweise verkaufen!" Na denn: Prost! 90

1. Erkläre die im Text verwendeten Begriffe:

„Palma-Shuttle" _____

„okkupiert" _____

„Vandalen" _____

„Ressentiments" _____

2. Der Autor des Textes verwendet häufig Anführungszeichen. Was möchte er damit ausdrücken? Erkläre anhand von Beispielen aus dem Text.

_____

_____

_____

_____

_____

→

3. Im Text wird geschildert, welche Ausmaße die Überfremdung in Mallorca angenommen hat. Erkläre, was unter Überfremdung zu verstehen ist, und nenne einige Beispiele aus dem Text.

_____

_____

_____

_____

_____

4. a) Welches Ziel verfolgt die neue Regierung Mallorcas?

_____

_____

b) Der Text nennt beabsichtigte Maßnahmen der Regierung gegen Massentourismus und Überfremdung. Notiere in Stichpunkten.

_____

_____

_____

_____

5. a) Der Autor drückt durch seinen Schreibstil und durch seine Wortwahl auch Meinung aus. Unterstreiche entsprechende Textstellen.
   b) Welche Einstellung hat Hartmut Schürbusch vermutlich? Umschreibe sie mit eigenen Worten.

_____

_____

_____

_____

_____

6. Was ist deine Meinung zum Thema? Schreibe in deinem Heft einen kurzen Leserbrief zu dem Zeitungsartikel.

Die Deutschen bleiben Reiseweltmeister

[…] Die Deutschen sind Reiseweltmeister. Zu Beginn des Jahrhunderts kannte der Großteil der Bevölkerung weder Urlaub noch Reisen. Für Dienstboten, Hauslehrer und Kindermädchen waren sie gleichbedeutend mit Arbeit. Nach dem Ersten Weltkrieg wurden 1919/20 erstmals in den Industriestaaten Urlaubsregelungen getroffen, doch blieb die Zahl der Urlaubstage so
5 niedrig (Arbeiter drei bis sechs Tage jährlich), dass Arbeiter keine Reiseurlaubsmöglichkeiten im heutigen Sinn hatten. In dieses Vakuum stießen 1933 die Nationalsozialisten mit ihrer Gründung der zu Wehrertüchtigungs- und Propagandazwecken instrumentalisierten Freizeitorganisation „Kraft durch Freude" (KdF). Der moderne Tourismus entwickelte sich mit dem „Wirtschaftswunder" in der Bundesrepublik Deutschland in den 50er-Jahren. Wurden zunächst
10 noch die Ferienregionen der Heimat als Urlaubsziele genutzt, so entwickelte sich in den 60er-Jahren der Flugtourismus mit erschwinglichen Reisen auf alle Kontinente. Ende der 90er-Jahre sind die Grenzen erreicht: Überfüllte Ferienorte, teilweise zerstörte Naturlandschaften und standardisierte Angebote machen Reisen in den Sommermonaten oft zur Nervenprobe. Global gesehen, erwirtschaftet der Tourismus heute rund zehn Prozent des Welt-Bruttosozialprodukts.

Positive Trends
- Die Zahl der Urlaubstage stieg in der Bundesrepublik Deutschland von den 50er-Jahren bis Ende der 90er-Jahre von neun auf 31.
- Trotz hoher Arbeitslosigkeit ist die Reiselust der Deutschen ungebrochen (geschätzte Reiseausgaben 1999: 83 Mrd. DM).
- Deutschland ist nach Frankreich, den USA und Italien auf Platz 4 der beliebtesten Reiseziele der Erde.

Negative Trends
- Der internationale Massentourismus bedroht die natürlichen Ressourcen der Erde.
- Die Ursprünglichkeit in vielen Gastgeberländern geht durch den Massentourismus verloren.

→

1. Der moderne Tourismus hat seine Licht- und Schattenseiten.
   Stelle positive und negative Entwicklungstendenzen gegenüber. Nutze auch den Text von Seite 19.
   Schreibe in Stichpunkten.

Pro	Kontra

„*Die Touristenflut zerstört in den Urlaubsländern Natur und Kultur.*"

„*Der Tourismus fördert interkulturelle Kontakte und bringt für alle Beteiligten mehr Lebensqualität.*"

2. Nimm zu einer der beiden Aussagen ausführlich Stellung. Greife bei deiner Argumentation auf
   die Informationen auf den vorangegangenen Seiten zurück. Schreibe etwa ein bis zwei Seiten in
   dein Heft.

Zitate einfügen – wie macht man das?

Manchmal ist es sinnvoll, Textstellen wörtlich zu übernehmen, denn durch Zitate kann man Aussagen belegen und Thesen stützen. Zitate müssen aber als solche erkennbar sein. Sie werden deshalb besonders gekennzeichnet. Wichtig ist, dass der Originaltext nicht verändert werden darf.

Auf den Hochglanzseiten der Reisekataloge ist die Welt in Wort und Bild schwer in Ordnung. Vorsicht ist angebracht. Die Werbetexter haben eine eigene Katalogsprache entwickelt, die ent-
5 schlüsselt sein will.
„Aufstrebender Ferienort": Das kann heißen, Sie erleben viele Neubauten, noch mehr Baustellen und den Sound von Betonmischmaschinen am Morgen.
10 „Zimmer zur Meeresseite": Das heißt noch lange nicht, dass das Meer auch zu sehen ist. Es können auch andere Bauten den Blick verstellen.
„An der Strandpromenade": Hier rauscht nicht
15 nur das Meer, wahrscheinlich auch der Verkehr.
„Direkt am Meer": Man wohnt nicht unbedingt an einem Badestrand, vielmehr an einer Steilküste oder am Hafen.

„Naturbelassener Strand": Tang, Steine, 20 Dosen; den macht so bald keiner sauber.
„Familiäre Atmosphäre": Der Kasten ist eventuell schon reichlich verwohnt.
„Haus neu eröffnet": Das Personal übt noch, der Garten fängt gerade an zu sprießen und die 25 Handwerker haben gut zu tun.
„Unaufdringlicher Service": Die Kellner haben es meist nicht eilig.
Alles klar? Dies waren die gängigsten Floskeln. Krass gelogen aber wird selten in den Katalo- 30 gen. Denn der Veranstalter haftet laut Reisevertragsgesetz für seine Versprechungen im Prospekt. Und die deutschen Richter werden immer strenger – schließlich sind sie hin und wieder selbst Urlauber. 35

ADAC motorwelt, 4 / 1991

So wird zitiert:

A Das Zitat steht in Anführungszeichen, z. B.:
Der Autor der ADAC motorwelt vertritt folgende Ansicht: „Die Werbetexter haben eine eigene Katalogsprache entwickelt, die entschlüsselt sein will."

B Gibt es ein Zitat im Zitat, so steht das zitierte Zitat mit einfachem Strich:
„‚Unaufdringlicher Service': Die Kellner haben es meist nicht eilig."

C Lässt man etwas aus, so setzt man drei Punkte:
„‚Aufstrebender Ferienort': Das kann heißen, Sie erleben viele Neubauten, … und den Sound von Betonmischmaschinen …"

D Will man einen Satz abändern, so müssen diese Stellen in eckige Klammern gesetzt werden.
Der Autor schreibt, „… der Veranstalter [hafte] laut Reisevertragsgesetz für seine Versprechungen im Prospekt".

1. Überarbeite deinen Text zum Thema Tourismus und füge an passenden Stellen Zitate ein.

Diskussionsformen und -techniken verfeinern

Frauenbilder – Männerbilder: gestern – heute – morgen

Für Frauen ist Verbindung von Beruf und Familie ein steiniger Weg

Spagat zwischen Kind und Karriere

An der Rollenverteilung bei der Erziehung hat sich nicht viel verändert

MUNCHEN (dpa) – Wenn es darum geht, Kind und Karriere unter einen Hut zu bekommen, bleiben die Rollen in Deutschland fest verteilt.

Für Männer ist die Verbindung von Familie und Beruf problemlos, für Frauen nach wie vor ein steiniger Weg. Dies ergab eine repräsentative Umfrage des Münchener Instituts für Rationelle Psychologie unter 4511 Bundesbürgern.

68 Prozent der befragten Frauen und 56 Prozent der Männer glauben, dass sich eine Frau zwischen Kind und Karriere entscheiden muss. Wenn Männer an die Spitze wollen, sehen nur 15 Prozent von ihnen dies als Belastung für die Familie (Frauen: 24 Prozent).

Jedem dritten Mann ist die Karriere seiner Partnerin zwar wichtig, aber nur zehn Prozent würden ihre eigenen Berufsziele denen der Frau unterordnen. 36 Prozent würden etwas zurückstecken – aber über die Hälfte (54 Prozent) lehnt es ab, ihrer Partnerin beruflich den Vortritt zu lassen.

(1999)

1. Die statistischen Angaben im Text belegen, dass in einigen Punkten die Rollenverteilung zwischen Mann und Frau noch sehr traditionell ist.
   Schreibe diese Punkte als Aussagen auf, ohne dabei konkrete Zahlen zu verwenden.

   _____

   _____

   _____

   _____

2. Bestätigen deine Erfahrungen und Beobachtungen die beschriebene Rollenverteilung?
   Belege durch Beispiele.

   _____

   _____

   _____

   _____

   _____

3. Beschaffe dir aktuelles statistisches Material zu dem Thema. Nutze dafür z. B. das Internet.

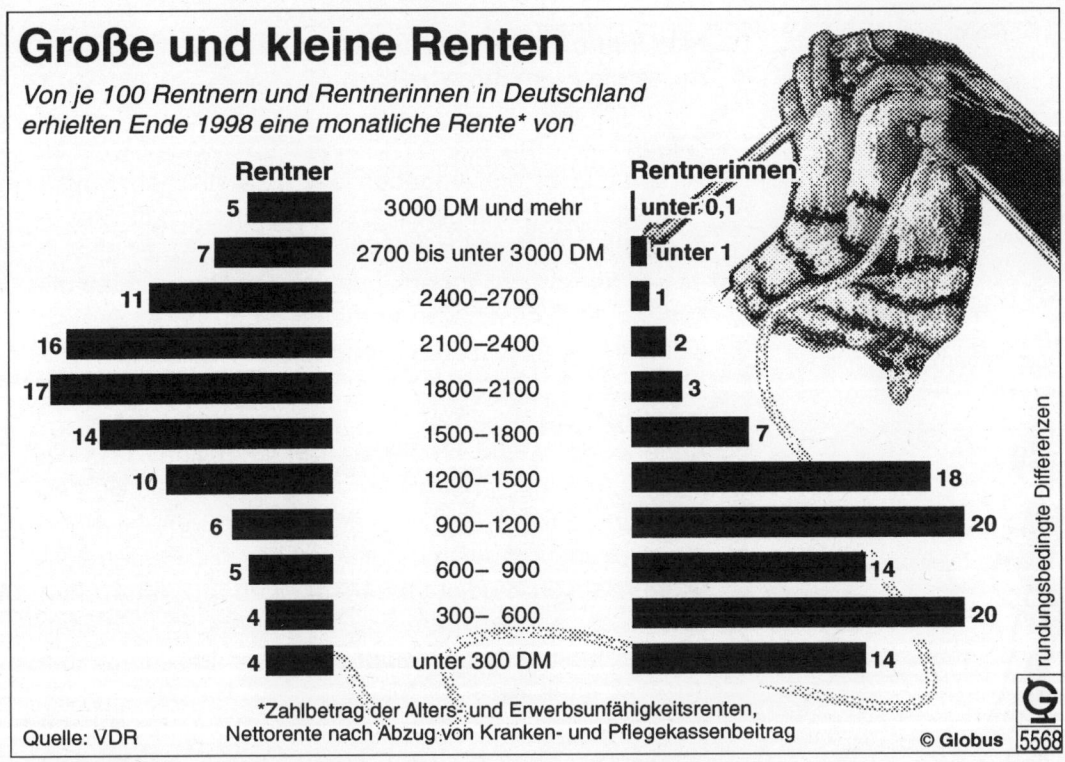

Große und kleine Renten

Von je 100 Rentnern und Rentnerinnen in Deutschland erhielten Ende 1998 eine monatliche Rente* von

Rentner		Rentnerinnen
5	3000 DM und mehr	unter 0,1
7	2700 bis unter 3000 DM	unter 1
11	2400–2700	1
16	2100–2400	2
17	1800–2100	3
14	1500–1800	7
10	1200–1500	18
6	900–1200	20
5	600– 900	14
4	300– 600	20
4	unter 300 DM	14

rundungsbedingte Differenzen

*Zahlbetrag der Alters- und Erwerbsunfähigkeitsrenten, Nettorente nach Abzug von Kranken- und Pflegekassenbeitrag

Quelle: VDR

© Globus 5568

Positive Trends

▶ Frauen haben im 20. Jh. in den Industriestaaten formal die gleichen politischen und beruflichen Rechte wie Männer errungen.

▶ Der Anteil der Frauen am Erwerbsleben ist in der EU von 34,6 % Mitte der 70er-Jahre auf rund 42 % Ende der 90er-Jahre gestiegen.

▶ Der Frauenanteil in den europäischen Parlamenten ist von 16,4 % Ende der 80er-Jahre auf rund 17,5 % Ende der 90er-Jahre gestiegen.

Negative Trends

▶ Die Frauenarbeitslosigkeit steigt überproportional, in Deutschland von 12,3 % (Männer: 8,5 %) 1991 auf rund 20 % (Männer: 10,7 %) 1998.

▶ Der Frauenhandel erreichte Ende des 20. Jh. Rekordhöhe (ca. 30 000 Fälle in Deutschland).

▶ In vielen islamischen Staaten (u. a. Afghanistan) verlieren Frauen Rechte (u. a. Arbeit, Bildung).

Frauen

Vom Ideal zur Verwirklichung im Alltagsleben

Anfang des 20. Jh. forderten Frauen die gleichen Rechte, Bildungs- und Berufschancen wie die Männer, wobei vor allem der Kampf um das Wahlrecht im Vordergrund stand; Ende des 20. Jh. ist Gleichberechtigung von
5 Frauen und Männern in den Industriestaaten gesetzlich garantiert, doch der formalrechtlichen Gleichstellung stehen in vielen Bereichen soziale und ökonomische Benachteiligungen gegenüber. Vielfach bleiben Frauen in der tariflichen Bezahlung noch immer hinter den Män-
10 nern zurück, in Frankreich verdienten sie Ende der 90er-Jahre 73 % dessen, was Männer in vergleichbaren Positionen erhielten, in Großbritannien nur 64 %. Nur jede vierte berufstätige Frau war Ende der 90er-Jahre in mittleren oder Führungspositionen tätig, und obwohl alle
15 Frauen das passive Wahlrecht besitzen, sind sie in Parlamenten und Regierungen unterrepräsentiert. Voraussetzungen für die Emanzipation auch in der Praxis sind ein tief greifender Bewusstseinswandel und eine Veränderung „männlich" geprägter Lebens- und Arbeitsformen.
20 Die Chancen der Frauen auch in Entwicklungsländern zu verbessern bleibt eine der Hauptaufgaben der UN und ähnlicher Organisationen.

→

Auch hässliche Frauen haben Erfolg, wenn sie charmant sind.

Die Frau sollte auch im Berufs-leben stets Frau bleiben.

Der ritterliche Tänzer fordert auch das Mauerblümchen auf.

Frauen sollen auf der Straße nicht rauchen.

„Einmaleins des guten Tons"
Bertelsmann Lesering 1955

Max Planck: Wissenschaftliches Studium für Frauen muss die Ausnahme bleiben

„Wenn eine Frau, was nicht häufig, aber doch bisweilen vorkommt, für die Aufgaben der theoretischen Physik besondere Begabung besitzt und außerdem den Trieb in sich fühlt, ihr Talent zur Entfaltung zu bringen, so halte ich
5 es […] für unrecht, ihr aus prinzipiellen Rücksichten die Mittel zum Studium von vorneherein zu versagen; ich werde ihr gerne […] den probeweise und stets widerrufli-chen Zutritt zu meinen Vorlesungen und Übungen gestatten. […]
10 Andererseits muss ich aber daran festhalten, dass ein solcher Fall immer nur als Ausnahme betrachtet werden kann und dass es insbesondere höchst verfehlt wäre, durch Gründung besonderer Anstalten die Frauen zum akademischen Studium heranzuziehen. […] Amazonen
15 sind auch auf geistigem Gebiet naturwidrig. […] Man kann nicht stark genug betonen, dass die Natur selbst der Frau ihren Beruf als Mutter und als Hausfrau vorge-schrieben hat und dass Naturgesetze unter keinen Umständen ohne schwere Schädigungen, welche sich
20 […] besonders an dem nachfolgenden Geschlecht zei-gen würden, ignoriert werden können."

(Kirchhoff, A.: Die akademische Frau, Berlin 1897)

Akademikerinnen: Frauen sind an deutschen Fach-hochschulen und Hochschulen an der Wende zum 21. Jh. weiterhin deutlich unterrepräsentiert. 33 % aller Promotionen und 16 % aller 1997 eingereichten Habilita-
5 tionsschriften stammten von Frauen, der Frauenanteil an den Professoren betrug nur 8,5 %. Mit einer Zunahme ist für Anfang des 21. Jh. zu rechnen, da jede fünfte Profes-sorenberufung 1997 eine Frau erreichte. Besonders gering war der Anteil der Frauen bei den Professuren in
10 Biologie (7,4 %), Chemie (3,3 %) und Physik (1,5 %).

Das Jahrbuch Nr. 1
Aktuell 2000

Früh übt sich …
Tiefe Konflikte, Seelenleiden und sogar körperliche Schäden können einer jungen Frau erspart bleiben, wenn sie feinfühlend darauf vorbereitet wurde, dass es zu den Aufgaben einer Frau gehört, zu empfangen, zu
5 dulden und Schmerzen zu ertragen.

Walter Hemsing: Moderne Kinder- und Jugenderziehung, Stuttgart 1960

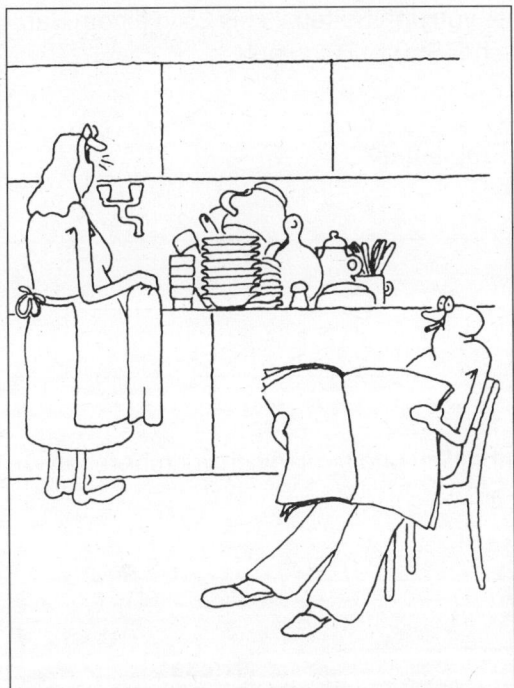

„Und ich glaub das nicht, dass du dein Arbeitslosengeld verlierst, wenn du mir im Haushalt hilfst."

Für unseren Bereich „Kinderversorgung"
suchen wir noch zwei bis drei selbstbewusste, flexible und

sympathische Damen

im Alter zwischen 25 und 50 Jahren, die Freude am Umgang mit Menschen haben.
Fühlen Sie sich angesprochen?
Für ein persönliches Gespräch steht Ihnen gerne unsere Frau Sommer am Montag, dem 6. 9. 2000, und Dienstag, dem 7. 9. 2000, in der Zeit von 15.00 bis 20.00 Uhr im

Hotel Stern, Bergstraße 4–8, Nürnberg

zur Verfügung.
Wir freuen uns schon jetzt auf die Begegnung mit Ihnen.

Ihre Kinderversorgung GRIFFEL

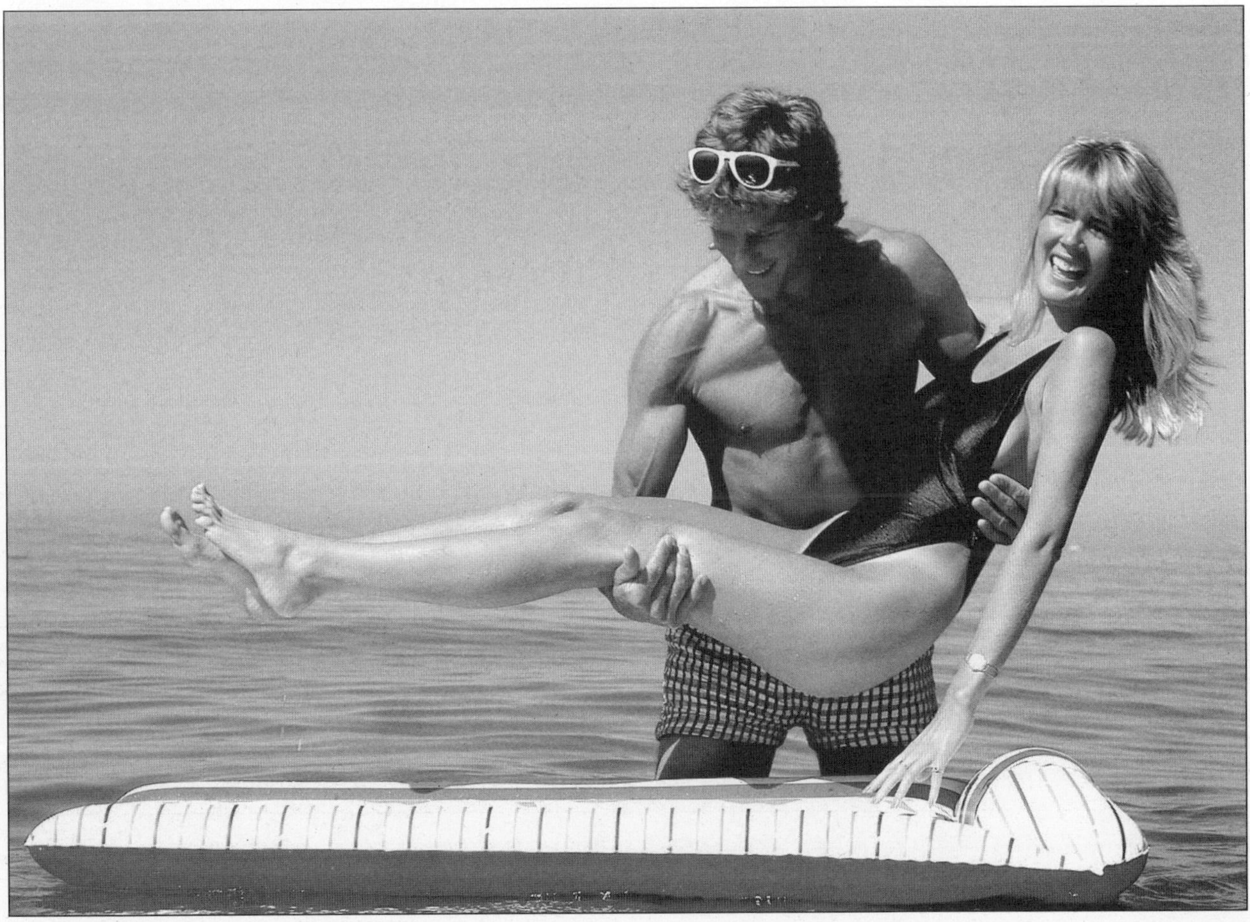

→

4. Fasse in deinem Heft jeweils das Thema der einzelnen Texte von den Seiten 23 bis 25 in einem Satz zusammen. Schreibe zu jedem Text mindestens eine mögliche (Streit-)Frage auf.

5. Formuliere ein Diskussionsthema zu der angesprochenen Problematik.

_____

_____

_____

6. Für eine sachbezogene Diskussion ist es notwendig, sich inhaltlich und strategisch vorzubereiten.
   a) Schreibe deine **Meinung** zu dem Thema in drei Thesen auf.

_____

_____

_____

> **These:**
> Aussage –
> Behauptung –
> Empfehlung –
> Urteil

_____

_____

   b) Notiere **Fakten** (unwiderlegbare Tatsachen) aus den Texten, die deine Meinung unterstützen.

_____

_____

_____

_____

_____

_____

_____

_____

_____

Sich thematisch und
strategisch auf eine
Diskussion vorbereiten

27

c) Suche Begründungen und Beispiele für deine eigenen Thesen aus Aufgabe a) – anhand der gegebenen Fakten und/oder aus eigener Erfahrung.
Schreibe auf:

Begründung / Beispiel

These 1: _____

_____

These 2: _____

_____

These 3: _____

_____

7. Du kannst deine Thesen unterschiedlich stützen: durch Fakten, durch allgemein gültige Grundsätze (Normen) oder mit Zitaten aus Texten bzw. von Experten.

Normen:
allgemein anerkannte Regeln in der Gesellschaft, sittliche Grundsätze, die auch Grundlagen der Rechtsordnung sind

These 1
Das Rollenverständnis von Mann und Frau ist heute wesentlich anders als früher.

These 2:
Eine Gleichstellung von Mann und Frau ist immer noch nicht erreicht.

Faktum:
Der Mann ist in vielen Fällen nicht mehr der (alleinige) Ernährer der Familie.

Norm:
In einer Partnerschaft sollen beide gleichberechtigt sein.

a) Kreuze an.

These	Fakt	Norm	
❑	❑	❑	Frauen erhalten niedrigere Renten als Männer.
❑	❑	❑	Männer haben Probleme mit Karrierefrauen.
❑	❑	❑	Mädchen in Männerberufen sind auch heute noch die Ausnahme.
❑	❑	❑	Männer und Frauen sollten die Verantwortung für die Familie tragen.
❑	❑	❑	Die partnerschaftliche Aufteilung von Aufgaben klappt zwischen jüngeren Lebenspartnern besser.
❑	❑	❑	Mädchen sind bei der Berufswahl stark eingeschränkt.

→

b) Schreibe zu den beiden Ausgangsthesen von S. 27 Fakten, Normen und passende Zitate aus den Texten oder aus eigenen Quellen auf.

	These 1	These 2
Fakten		
Normen		
Zitate		

8. Wenn du andere überzeugen willst, ist es gut, noch einen „Trumpf" in der Hinterhand zu haben, z. B. eine Pressemeldung.
Suche nach weiteren Informationsquellen zum Thema.
Bringe das Material, das du dazu findest (z. B. statistische Angaben), in die Diskussion ein.

9. Diskussionen können „entgleisen". Um eine Diskussion immer wieder in Bahnen zu lenken, kann man sich (vor allem als Diskussionsleiter) bestimmte Formulierungen überlegen.

Beispiel:
wenn vom Thema abgewichen wird   → „Wir sollten wieder an unsere Ausgangsfrage denken."

Überlege dir selbst Möglichkeiten für den Fall,

dass nur wenige zu Wort kommen   → _____

_____

dass unsachliche Beiträge sich häufen   → _____

_____

dass man sich nicht gegenseitig zuhört   → _____

_____

dass sich die Diskussion im Kreis bewegt → _____

_____

10. Auch so wird manchmal „argumentiert":

| Das hat man doch schon immer so gemacht!   Das geht nur so und nicht anders. |

Solche Scheinargumente lassen sich leicht entkräften. Frage genauer nach:

Wer ...?   Was ...?   Warum ...?   Wie ...?

Achte bei Diskussionen (z. B. im Fernsehen) auf solche Scheinargumente, die eigentlich nichts belegen. Schreibe Beispiele auf.

_____

_____

_____

_____

_____

_____

Ein Referat erarbeiten – sich auf das Kolloquium vorbereiten

Für das Kolloquium in der Abschlussprüfung musst du ein Referat vorbereiten. Die Vorbereitungszeit ist begrenzt. Deshalb ist es wichtig, dass du planvoll und zügig arbeitest.

1. Schritt

Materialsuche

- Schulbibliothek
- öffentliche Bibliothek
- Zeitungsarchiv
- Internet
- Fachleute
- Museen
- Institutionen

- Materialien sichten
- wichtige Artikel, Bilder etc. zum Bearbeiten am besten kopieren

2. Schritt

Erarbeitung

- Thema genau eingrenzen
- Gliederungspunkte festlegen
- zu jedem Gliederungspunkt Einzelblätter oder Karteikarten für Notizen anlegen
- Reihenfolge der Gliederung überlegen
- Gliederungspunkte einzeln überarbeiten, Notizen geordnet „ins Reine" schreiben
- Möglichkeiten der Visualisierung einbeziehen (Grafiken, Bilder, Statistiken z. B. auf Folie)
- Einleitung und Schluss überlegen mit dem Ziel, Interesse beim Zuhörer zu wecken

3. Schritt

Vortrag

- Vortrag einüben – Stichpunkte erst beim Reden richtig ausformulieren!
- Handhabung der Anschauungsmittel ausprobieren
- Körperhaltung beachten
- kurze Sprechpausen machen
- Blickkontakt suchen

1. Bereite mit Hilfe der Informationen aus dem Kapitel „Frauenbilder – Männerbilder" ein Referat zum Thema vor. Nutze dazu noch weitere Informationsquellen.

2. Die für ein Referat benutzten Quellen müssen in einem so genannten Literaturverzeichnis genau angegeben werden.

   Du brauchst dazu folgende Angaben:
   ① Nachname, Vorname des Verfassers/ der Verfasserin (danach Doppelpunkt oder Punkt)
   ② Titel (und Untertitel) (danach Punkt)
   ③ Erscheinungsort (Doppelpunkt)
   ④ Verlag (Komma)
   ⑤ Erscheinungsjahr (Punkt)

3. Am einfachsten ist es, wenn du auf den ersten Seiten eines Buches die CIP-Titelaufnahme der Deutschen Bibliothek findest. Unterstreiche alle für dich notwendigen Angaben.

Die Deutsche Bibliothek – CIP-Einheitsaufnahme

Moritz, Rainer:
Das Frauenmännerunterscheidungsbuch / Rainer Moritz. –
Orig.-Ausg. – München: Beck, 1999
(Beck'sche Reihe; 1314)
ISBN 3-406-42114-8

Du müsstest also schreiben:

Moritz, Rainer: Das Frauenmännerunterscheidungsbuch. München:

Beck, 1999.

4. Manchmal gibt es zusätzliche Angaben wie den Übersetzer oder die Auflage. Der Übersetzer steht hinter dem Autor; die Auflage vor dem Erscheinungsjahr.

Die Deutsche Bibliothek – CIP-Einheitsaufnahme

Milwid, Beth:
Allein unter Männern: Beruflich engagierte Frauen sprechen über Macht,
Sexualität und Moral / Beth Milwid. Aus dem Amerikan. übers. von
Simone Wilhelms-Kind. – Düsseldorf; Wien; New York; Moskau:
ECON Verl., 1. Auflage 1993
Einheitssacht.: Working with men (dt.)
ISBN 3-430-16747-7

Copyright © 1993 der deutschen Ausgabe by ECON Verlag GmbH,
Düsseldorf, Wien, New York und Moskau.
Lektorat: Ulrike Preußiger-Meiser
Gesetzt aus der Bembo, Berthold
Satz: Dörlemann-Satz, Lemförde
Papier: Papierfabrik Schleipen GmbH, Bad Dürkheim
Druck und Bindearbeiten: Pustet, Regensburg
Printed in Germany
ISBN 3-430-16747-7

Notiere diese Literaturangabe, indem du alles, was nicht gebraucht wird, weglässt. Es wird alles hintereinander geschrieben, bis die Zeile jeweils voll ist.

_____

_____

_____

Gesprächsverhalten für ein Bewerbungsgespräch trainieren

Zur persönlichen Bewerbung in einem Betrieb gehört neben dem Einzelgespräch oft auch eine Gruppendiskussion oder ein Rollenspiel (z. B. ein simuliertes Kundengespräch) zum Auswahlverfahren.

Rollenkarte

Eine Kundin möchte ein Kleidungsstück wegen eines angeblichen Materialfehlers umtauschen. Tatsächlich handelt es sich aber um eine spezielle Stoffart, bei der die deutlich sichtbaren Verfärbungen gewollt und modisch sind.
Erklären Sie der Kundin den Sachverhalt im Gespräch.

Teamaufgabe

Der Eingangsbereich des Verkaufsraumes soll neu gestaltet werden.
Besprechen Sie in der Gruppe Ihre Ideen, entwickeln Sie gemeinsam einen Entwurf und entsprechende Maßnahmen zu seiner Umsetzung.

1. Ein Personalchef möchte sich anhand dieser Testaufgaben einen Eindruck von der Bewerberin/dem Bewerber verschaffen. Überlege, welche Informationen durch Beobachtung gewonnen werden.

zum Diskussionsverhalten	zur Rolle im Team	zur Arbeitsweise

2. a) Für einen Beruf, in dem mit Kunden Gespräche geführt werden müssen, sind bestimmte Eigenschaften bzw. Fähigkeiten besonders wichtig. Unterstreiche drei von den hier aufgeführten, die du am wichtigsten findest. Begründe deine Wahl.

Verhandlungsgeschick – Selbstsicherheit – Genauigkeit – Redegewandtheit – körperliche Belastbarkeit – persönlicher Charme – Humor – Merkfähigkeit – Kombinationsgabe – Freundlichkeit – Sachverstand – Kontaktbereitschaft

_____

_____

_____

_____

b) Überlege, wie eine Personalchefin/ein Personalchef etwas über die von dir ausgewählten Fähigkeiten eines Bewerbers herausfinden könnte.

_____

_____

_____

_____

3. a) Bei der Lösung einer gemeinsamen Aufgabe werden die Bewerberinnen und Bewerber genau beobachtet. Welches Verhalten bewertest du als positiv bzw. als negativ?

positiv	negativ	
❏	❏	A. fordert ihre Mitbewerber/-innen dazu auf, Vorschläge zur Lösung der Aufgabe zu machen.
❏	❏	B. macht sich sofort selbstständig an die Lösung der Teamaufgabe.
❏	❏	C. wartet ab, welche Ideen die anderen entwickeln.
❏	❏	D. fragt, nachdem die Aufgabe erläutert wurde, noch einmal genauer nach.
❏	❏	E. stellt ihre Idee zur Lösung der Aufgabe unaufgefordert vor.
❏	❏	F. bittet die anderen um Ruhe, um auch zu Wort zu kommen.

b) Begründe jeweils kurz dein Urteil.

A _____

B _____

C _____

D _____

E _____

F _____

→

4. a) Gerade beim individuellen Bewerbungsgespräch möchte der Interviewer etwas über die Persönlichkeit des Kandidaten herausfinden. Überlege dir, wie die folgenden Äußerungen aus einem Bewerbungsgespräch vom Personalchef interpretiert werden könnten.

Interviewer (Personalchef)	**Bewerber um einen Ausbildungsplatz als Speditionskaufmann**
Haben Sie schon seit längerem den Wunsch, Speditionskaufmann zu werden?	*Das war schon von klein auf mein Traumberuf.*
Wie kamen Sie gerade auf diesen Beruf?	*Mein Berufsberater hat mir gesagt, dass hier noch Ausbildungsplätze frei sind.*
Sie haben im letzten Zeugnis keine besonders gute Note in Deutsch. Was ist der Grund dafür?	*Mit dem Lehrer bin ich einfach nicht klargekommen. Er hat viel zu viel erwartet. Und als Speditionskaufmann braucht man doch nicht gerade gute Leistungen in Deutsch, oder?*
Worin sehen Sie denn Ihre persönlichen Stärken und Schwächen?	*Stärken? – Ich weiß nicht so recht. In der Schule bin ich immer mit allem gut zurechtgekommen. Nur über meine Unordnung haben die Lehrer immer gejammert.*
Sicher haben Sie auch noch selbst einige Fragen auf dem Herzen.	*Moment mal. Ich habe mir schon drei Fragen aufgeschrieben. Wo hab ich denn jetzt den Zettel? …*

b) Warum sprechen die Aussagen gegen den Bewerber? Begründe kurz.

_____

_____

_____

_____

_____

_____

_____

_____

_____

_____

_____

_____

c) Welche Eigenschaften schreibt man dem Bewerber auf Grund seiner Äußerungen vermutlich zu?

_____

_____

_____

d) Der Eindruck, den der Interviewer von dem Bewerber gewinnt, kann durchaus falsch sein, aber er entscheidet eben darüber, ob die Bewerbung Erfolg hat oder nicht.
Überarbeite die Antworten des Bewerbers so, dass sie ein positives Bild von ihm geben, ohne zu lügen. Achte auf passende Formulierungen und Umschreibungen.

Interviewer (Personalchef)	Bewerber um einen Ausbildungsplatz als Speditionskaufmann
Haben Sie schon seit längerem den Wunsch, Speditionskaufmann zu werden?	_____ _____ _____
Wie kamen Sie gerade auf diesen Beruf?	_____ _____ _____
Sie haben im letzten Zeugnis keine besonders gute Note in Deutsch. Was ist der Grund dafür?	_____ _____ _____
Worin sehen Sie denn Ihre persönlichen Stärken und Schwächen?	_____ _____ _____
Sicher haben Sie auch noch selbst einige Fragen auf dem Herzen.	_____ _____ _____

Aufgaben, Konflikte und Probleme besprechen

Das aktuelle Interview

Wie viel Mitsprache hat der Stuttgarter Jugendrat?

Seit 1996 dürfen in Stuttgart die Jugendlichen politisch mitreden. Baden-Württembergs Landeshauptstadt lässt in den Stadtbezirken als beratendes Gremium längst Jugendräte zu und stößt
5 **damit auf starke Resonanz: Alle Jugendlichen zwischen 14 und 19 Jahren haben aktives und passives Wahlrecht, die Zahl der für zwei Jahre gewählten Jugendräte ist in den fünf gleichberechtigten Stuttgarter Bezirken schon auf 70**
10 **gestiegen.**

So genannte Jugendparlamente – allerdings ohne wirkliche Rechte – tagen und tagten bereits in Erlangen, Heroldsberg und Dinkelsbühl, vereinzelt im Nürnberger Land und im Kreis Forchheim. Auch in der Groß-
15 stadt Nürnberg, gut vergleichbar mit dem 585 400 Einwohner zählenden Stuttgart, setzten sich die Jungen Liberalen schon vor zweieinhalb Jahren für einen eigenen Jugendstadtrat mit 50 bis 70 Mitgliedern ein. OB Ludwig Scholz aber hat ihnen eine klare Absage
20 erteilt. Der Anzeiger sprach mit Abiturientin Sandra Funk (19), die im Februar 98 ihre zweite Amtszeit im Stuttgarter Bezirk Obere Neckarvororte angetreten hat.

Anzeiger: *Sandra, was hat Sie an der politischen*
25 *Arbeit gereizt?*

Funk: Zu Beginn meiner ersten Amtszeit war es Neugierde. Ich wollte wissen, ob das Projekt nur reine Alibifunktion hatte oder ob die Jugendlichen wirklich etwas bewegen konnten. Seit meiner zweiten Wahl
30 macht es mir Spaß, die Neuen in die Arbeit einzuführen.

Anzeiger: *Wie sieht denn diese Arbeit aus?*

Funk: Wir haben pro Jahr rund acht Sitzungen. Dabei stimmen wir über Themen ab, die die Jugendlichen
35 an uns herantragen: zum Beispiel, wenn auf einem Sportplatz der Basketballkorb fehlt. Wenn wir der Meinung sind, hier besteht Bedarf, stellen wir einen Antrag ans Tiefbauamt und können uns meistens der Unterstützung sicher sein.

40 **Anzeiger:** *Wie weit reicht denn der Einfluss? Fühlen Sie sich von den Politikern ernst genommen?*

Funk: Wir haben zwar nur beratende Funktion, aber unsere Anträge dringen schon bis zum Gemeinderat vor (der in Nürnberg dem Stadtrat entspricht). Die
45 Politiker wissen, wenn Forderungen, beispielsweise nach einem neuen Basketballkorb, aus unseren Reihen kommen, dass die Jugendlichen die Einrichtung dann auch tatsächlich nutzen werden. Vor allem ältere Politiker, die weniger mit Jugendlichen kommunizieren, verlassen sich auf unsere Wünsche. 50

Anzeiger: *Würden Sie die Mitbestimmungsrechte gern vom beratenden zum bestimmenden Gremium ausbauen?*

Funk: Im Gemeinderat müsste dann immer jemand von uns vertreten sein. Und weil der frühmorgens tagt, 55 wäre das für Schüler und Lehrlinge gar nicht möglich. Außerdem kommen wir ja zu Wort. Die haben sogar die Gemeindeordnung für uns geändert, sodass jetzt jeder Bezirk Jugendräte einsetzen kann.

Anzeiger: *Sie sind politisch aktiv geworden, weil* 60 *Sie Ihre Interessen bisher nicht genügend berücksichtigt sahen. Aber auch der Jugendrat setzt sich doch nur für Jugendbelange ein, nicht für andere Gruppen?*

Funk: In einem Bezirk hat sich der Jugendrat schon mal um die Wegbeleuchtung des Eisstadions geküm- 65 mert – das betrifft ja nicht nur Jugendliche. Aber generell kommen die Jugendlichen mit ihren Wünschen auf uns zu: Wir sind also primär ein Sprachrohr für ihre Interessen.

Anzeiger: *Hat sich das Bild, das Sie von Politikern* 70 *haben, geändert? Werden sie im ständigen Umgang „menschlicher"?*

Funk: Menschlicher werden sie auf jeden Fall. Bei einer Podiumsdiskussion vor der Wahl standen einige im Anschluss noch extra für Fragen zur Verfügung. 75 Auch auf Bezirksebene habe ich nur positive Erfahrungen gemacht: Viele Politiker bieten uns bereits von sich aus Hilfe an.

Anzeiger: *Eine Möglichkeit, der Politikverdrossenheit bei Jugendlichen entgegenzuwirken?* 80

Funk: Ich hoffe es. Ich will es auf jeden Fall vorantreiben. Die Wahlbeteiligung ist in unserem Bezirk bei den Jugendlichen immerhin schon von neun auf 25 Prozent gestiegen. Aber bei einigen Jugendlichen fehlt oft das Verständnis: Wenn eine ihrer Forderungen 85 nicht schnell genug erfüllt wird, dann werden sie einfach unzufrieden.

Anzeiger: *Möchten Sie später einmal in die Politik gehen?*

Funk: Erst mal will ich studieren. Aber ausschließen 90 möchte ich das nicht. Ich finde es gut, sich für die Interessen anderer einzusetzen, die sich nicht artikulieren können und kein Sprachrohr haben.

Interview: Sharon Chaffin

Der Anzeiger vom 27. 1. 1999

1. a) Welche Rechte hat der Jugendgemeinderat in Stuttgart?

_____

_____

b) Welche Erfolge hat der Jugendgemeinderat in Stuttgart durch seine Arbeit schon erzielt?

_____

_____

_____

2. Aus Tübingen liegen folgende Umfrageergebnisse nach Schularten zur Wichtigkeit eines Jugendgemeinderates vor:

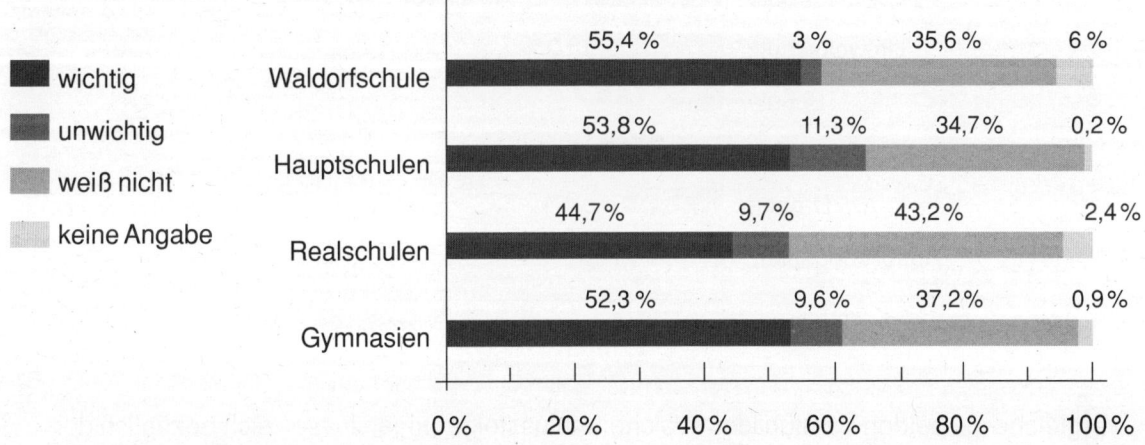

a) Fasse die Aussagen des Schaubildes in wenigen Sätzen zusammen.

_____

_____

_____

_____

_____

_____

_____

→

b) Was sind die wichtigsten Themen für einen Jugendgemeinderat? Auf diese Frage antworteten alle Befragten so:

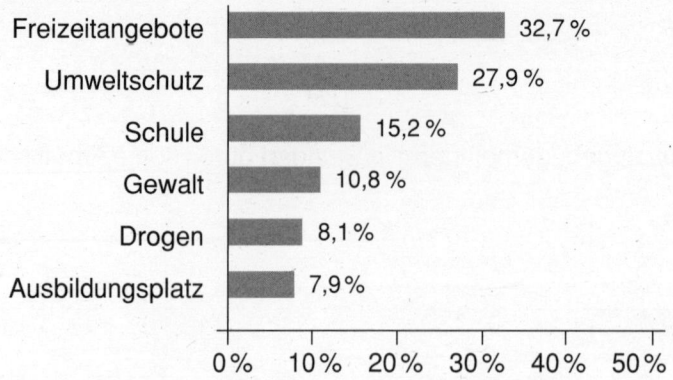

Die befragten Hauptschüler antworteten so:

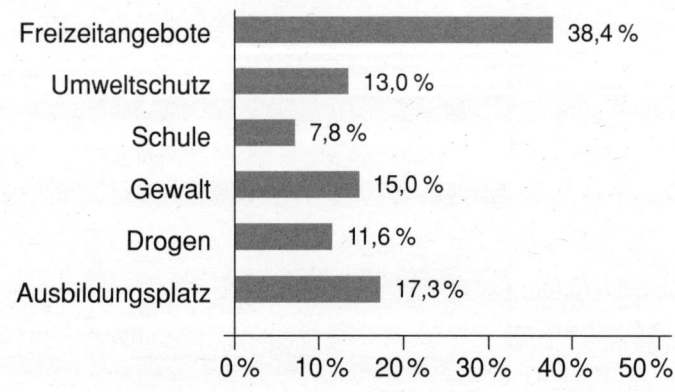

Vergleiche die beiden Schaubilder. Welche Schlussfolgerungen lassen sich bezüglich der Probleme bzw. Interessen von Hauptschülern ziehen?

_____

_____

_____

_____

_____

_____

_____

_____

c) Ist der Jugendgemeinderat eine sinnvolle Einrichtung? – Schreibt als Diskussionsgrundlage eure Ansichten dazu in Stichpunkten auf und führt eine Diskussion zum Thema *Jugendgemeinderat* durch.

3. Spielt eine Sitzung „eures" Jugendgemeinderates durch.

- Wählt geeignete Vertreter aus eurer Mitte und eine Vorsitzende bzw. einen Vorsitzenden.
- Formuliert die Anliegen schriftlich, über die verhandelt werden soll.
- Erstellt eine Tagesordnung, in der die zu diskutierenden Probleme aufgelistet werden.
- Bestimmt einen Protokollführer.
- Formuliert am Ende der Sitzung alle Beschlüsse aus und haltet sie im Protokoll fest.
- Schreibt ggf. einen entsprechenden Antrag an die Gemeinde in Form eines Briefes.

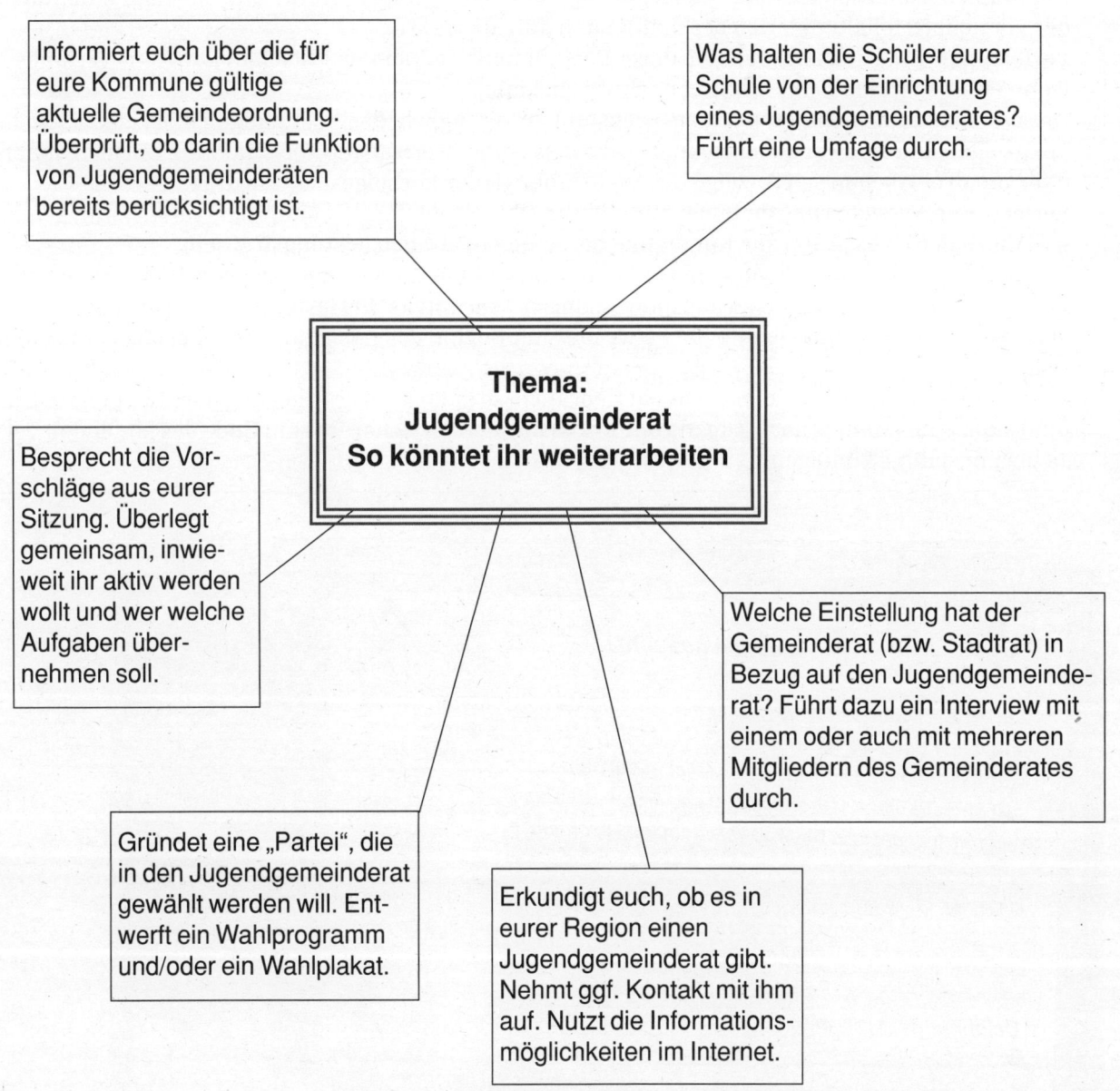

Informiert euch über die für eure Kommune gültige aktuelle Gemeindeordnung. Überprüft, ob darin die Funktion von Jugendgemeinderäten bereits berücksichtigt ist.

Was halten die Schüler eurer Schule von der Einrichtung eines Jugendgemeinderates? Führt eine Umfage durch.

**Thema:
Jugendgemeinderat
So könntet ihr weiterarbeiten**

Besprecht die Vorschläge aus eurer Sitzung. Überlegt gemeinsam, inwieweit ihr aktiv werden wollt und wer welche Aufgaben übernehmen soll.

Welche Einstellung hat der Gemeinderat (bzw. Stadtrat) in Bezug auf den Jugendgemeinderat? Führt dazu ein Interview mit einem oder auch mit mehreren Mitgliedern des Gemeinderates durch.

Gründet eine „Partei", die in den Jugendgemeinderat gewählt werden will. Entwerft ein Wahlprogramm und/oder ein Wahlplakat.

Erkundigt euch, ob es in eurer Region einen Jugendgemeinderat gibt. Nehmt ggf. Kontakt mit ihm auf. Nutzt die Informationsmöglichkeiten im Internet.

Zweckgebundene Schreiben verfassen: Schadensmeldung

Auszug aus den Versicherungsbedingungen einer Hausratversicherung

Für Fahrräder erstreckt sich der Versicherungsschutz auch über Schäden durch Diebstahl, wenn nachweislich

a) das Fahrrad zur Zeit des Diebstahls in verkehrsüblicher Weise durch ein Schloss gesichert war und außerdem

5 b) der Diebstahl zwischen 6 Uhr und 22 Uhr verübt wurde oder sich das Fahrrad zur Zeit des Diebstahls in Gebrauch oder in einem gemeinschaftlichen Fahrradabstellraum befand.

Für die mit dem Fahrrad lose verbundenen und regelmäßig seinem Gebrauch dienenden Sachen besteht Versicherungsschutz nur, wenn sie zusammen mit dem Fahrrad abhanden gekommen sind. Die Entschädigung ist je Versicherungsfall auf 1 % der Versicherungssumme für den Hausrat

10 begrenzt. Eine andere Entschädigungsgrenze kann vereinbart werden.

Der Versicherungsnehmer hat Unterlagen über den Hersteller, die Marke und die Rahmennummer der versicherten Fahrräder zu beschaffen und aufzubewahren.

Verletzt der Versicherungsnehmer diese Bestimmung, so kann er Entschädigung nur verlangen, wenn er die Merkmale anderweitig nachweisen kann.

15 Der Versicherungsnehmer hat den Diebstahl unverzüglich der zuständigen Polizeidienststelle anzuzeigen und dem Versicherer einen Nachweis dafür zu erbringen, dass das Fahrrad nicht innerhalb von drei Wochen seit Anzeige des Diebstahls wieder herbeigeschafft wurde.

Verletzt der Versicherungsnehmer eine dieser Obliegenheiten, so kann der Versicherer gemäß § 6 Abs. 3, § 62 Abs. 2 WG zur Kündigung berechtigt oder auch leistungsfrei sein.

20 Versicherungsnehmer und Versicherer können unter Einhaltung einer Frist von drei Monaten zum Ende des laufenden Versicherungsjahres durch schriftliche Erklärung verlangen, dass dieser erweiterte Versicherungsschutz für Fahrräder mit Beginn des nächsten Versicherungsjahres entfällt.

Macht der Versicherer von diesem Recht Gebrauch, so kann der Versicherungsnehmer den Vertrag

25 innerhalb eines Monats nach Zugang der Erklärung des Versicherers zum Ende des laufenden Versicherungsjahres kündigen.

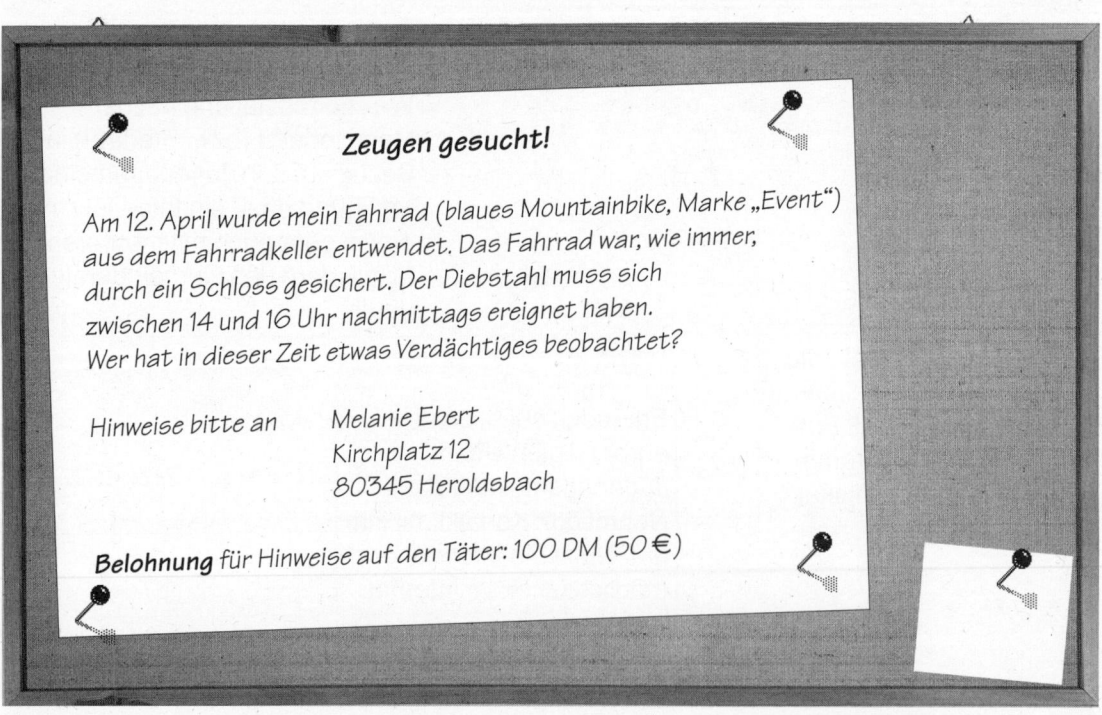

Zeugen gesucht!

Am 12. April wurde mein Fahrrad (blaues Mountainbike, Marke „Event")
aus dem Fahrradkeller entwendet. Das Fahrrad war, wie immer,
durch ein Schloss gesichert. Der Diebstahl muss sich
zwischen 14 und 16 Uhr nachmittags ereignet haben.
Wer hat in dieser Zeit etwas Verdächtiges beobachtet?

Hinweise bitte an   Melanie Ebert
    Kirchplatz 12
    80345 Heroldsbach

Belohnung für Hinweise auf den Täter: 100 DM (50 €)

1. Da das gestohlene Fahrrad nicht mehr auftaucht, soll die Versicherung für den Verlust aufkommen. Kläre mit Hilfe der Versicherungsbedingungen, ob tatsächlich ein Schadensfall vorliegt, für den die Versicherung haften muss. Notiere diejenigen Fragen, die eventuell zusätzlich geklärt werden müssen.

Der Betreff ist eine stichwortartige Inhaltsangabe.
Er bezieht sich auf das ganze Schreiben.
Der Betreff wird ohne Schlusspunkt geschrieben
und kann hervorgehoben werden.

SEKURA-Versicherung Bahnhofsplatz 12, 95201 Bayreuth *SEKURA*-Sicherheit

Fax: 0 64 24/8 37 51
Tel.: 0 64 24/8 37 50

Beitragsrechnung
für Versicherungsschein-Nr. 903/154123-K-13

Frau
Herta Ebert
Kirchplatz 12

80345 Heroldsbach

Sehr geehrte Versicherungsnehmerin,
sehr geehrter Versicherungsnehmer,
diese Rechnung weist den fälligen
Versicherungsbeitrag aus.
Schadensmeldungen richten Sie bitte
unter Angabe der Versicherungsnummer
an oben genannte Anschrift.
Beachten Sie unsere Vertragsbedingungen.

Bayreuth, den 15. 02. 2000

Versicherungsart	Fällig am	ZW*	Vers.-Beitrag
Verbundene Hausratversicherung	**01. 04. 2000**	1	**142,20 DM**
Versicherungsort siehe Anschrift			(72,71 €)
Derzeitige Versicherungssumme 117 000 DM (59 821,15 €)			

Den fälligen Beitrag buchen wir von Ihrem Konto Nr. 1033447 ab.

Die gesetzliche Versicherungssteuer, Stand 1.1.1995, ist in den Beiträgen bereits enthalten.

* Zahlungsweise: 1 = jährlich, 2 = halbjährlich, 4 = vierteljährlich

2. Entwirf die Schadensmeldung an die Versicherung. Schreibe die Endfassung am Computer.

(Absender.)
Herta Ebert
Kirchplatz 12
80345 Heroldsbach

(Anschrift)

_____

_____

                                                                (Datum)

_____   _____

(Betreff:) _____

_____

_____

_____

_____

_____

_____

_____

_____

_____

_____

Protokollieren – Niederschriften anfertigen und zur Prüfungsvorbereitung nutzen

> *Evolutionstheorie – Wie kam es zur Entstehung neuer Arten?*
>
> *Charles Darwin: natürliche Auslese (Selektion) → Anpassung → Fortpflanzung*
>
> *Voraussetzung: Veränderung im Erbgut (Mutation)*
>
> *günstige Mutation = Vorteil, z. B. in veränderter Umwelt*
>
> *→ Lebewesen überlebt, pflanzt sich fort, vererbt Merkmal*

1. Dieser Hefteintrag zum Thema „Evolution" ist sehr knapp und als Prüfungsvorbereitung nicht sehr ergiebig. Ergänze den Eintrag mit Hilfe des nachfolgenden Informationstextes.

   a) Lies den nachfolgenden Text und markiere wichtige Textstellen (Schlüsselwörter und -wendungen). Schreibe dir unbekannte Begriffe heraus und kläre sie anschließend mit Hilfe eines Wörterbuchs.

   b) Überarbeite den Hefteintrag. Schreibe in Sätzen und achte auf eine sinnvolle Gliederung deines Textes durch Absätze und Hervorhebung. Schreibe in dein Heft.

Darwin, Charles Robert (1809–1882), britischer Naturforscher und Begründer der modernen Evolutionstheorie. Er entwickelte das Kon-
5 zept der natürlichen Selektion, die in einem lang dauernden Pro-
10 zess zur Veränderung durch Anpassung (Evolution) und zur Entstehung aller Lebensformen führt. Seine
15 Arbeiten beeinflussten Biologie und Geologie und haben auch auf geistesgeschichtlichem Gebiet große Wirkung ausgeübt.
Darwin wurde am 12. Februar 1809 als fünftes Kind einer reichen englischen Familie geboren. [...] Nach
20 dem Abschluss seines Theologiestudiums (1831) konnte Darwin [...] als unbezahlter Naturwissenschaftler an einer fünfjährigen Expedition an Bord des königlichen Forschungs- und Vermessungsschiffs *Beagle* teilnehmen. [...]
25 Damals waren die meisten Geologen Anhänger der Katastrophentheorie, der zufolge die Entwicklung im Laufe der Erdgeschichte, beispielsweise die Entstehung neuer Tier- und Pflanzenarten, durch Naturkatastrophen und anschließende Neuschöpfungen
30 erklärt wurde. Die Vertreter dieser Theorie waren von

dem biblischen Bericht über die Sintflut stark beein-
flusst und hielten sie für die jüngste derartige Kata-
strophe, die alles Leben vernichtet hatte, mit Ausnahme der Lebensformen, die Noah mit in die Arche
35 genommen hatte. Frühere Formen seien nur als Fossilien überliefert. Sie gingen davon aus, dass alle Arten
einzeln geschaffen und für alle Zeit unveränderlich
waren.
Der englische Geologe Sir Charles Lyell widerlegte [...]
40 die bis dahin akzeptierte Katastrophentheorie – jedoch
nicht die Auffassung von der Unveränderlichkeit der
Arten. [...] Er vertrat die Ansicht, dass sich die
Erdoberfläche infolge natürlicher Kräfte, die über
lange Zeit in derselben Weise auf sie einwirken, stän-
45 dig verändert.
An Bord der *Beagle* stellte Darwin fest, dass viele seiner eigenen Beobachtungen mit Lyells Auffassung
übereinstimmten. Andererseits zweifelte er auf Grund
seiner Beobachtungen an fossilen und lebenden Pflan-
50 zen und Tieren Lyells [...] Auffassung an, dass jede Art
einzeln geschaffen sei. Er stellte beispielsweise fest,
dass Fossilien ausgestorbener Arten Ähnlichkeiten mit
lebenden Arten desselben geografischen Bereichs auf-
wiesen.
55 Vor allem der Aufenthalt auf den Galapagos-Inseln vor
der Küste Ekuadors führte ihn zum Studium über die
Entstehung von Arten. Dort beobachtete er, dass es auf
jeder Insel eine eigene Art von Schildkröten, Spott-
drosseln und Darwinfinken gab; diese waren zwar eng
60 verwandt, unterschieden sich jedoch von Insel zu Insel
in ihrem Körperbau und ihren Nahrungsspezialisie-
rungen. Diese beiden Beobachtungen führten Darwin
zu der Frage, ob verschiedene einander ähnliche Arten
aus einer gemeinsamen Stammform hervorgegangen
65 sein könnten. [...]
Nach seiner Heimkehr (1836) notierte Darwin seine
Gedanken zur Veränderlichkeit und Entstehung der
Arten in seinen *Notebooks on the Transmutation of
Species.* [...]
70 1858 trug Darwin eine erste Fassung seiner Evolutionstheorie vor. [...] Darwins Theorie der Evolution
durch natürliche Selektion besagt im Wesentlichen,
dass die Individuen einer Population alle verschieden
voneinander sind. Von diesen sind bestimmte Indivi-
75 duen an die herrschenden Umweltbedingungen besser
angepasst als andere und haben damit größere Über-
lebens- und Fortpflanzungswahrscheinlichkeiten. Die
genetische Beschaffenheit dieser besser angepassten
Individuen wird durch Vererbung an folgende Genera-
80 tionen weitergegeben. Dieser schrittweise (graduelle)
und kontinuierliche Prozess bewirkt die Evolution der
Arten. [...]

Nach dem Erscheinen der *Entstehung der Arten* wurde
Darwins Theorie von einigen Wissenschaftlern kriti-
85 siert. Sie forderten Beweise für seine Theorie und eine
Erklärung dafür, wie die Information an die nachfolgenden Generationen weitergegeben wird. Dieser wissenschaftliche Einwand konnte erst mit dem Entstehen
der modernen Genetik zu Beginn des 20. Jahrhunderts
90 entkräftet werden (siehe Mendelsche Gesetze). Darwins Ideen wurden noch etwa fünfzig bis achtzig Jahre
angezweifelt. Die bekanntesten Angriffe gegen Darwins Gedanken kamen jedoch nicht von Wissenschaftlern, sondern von religiös motivierten Gegnern. Der
95 Gedanke, dass Lebewesen sich im Zuge natürlicher
Prozesse entwickeln, widersprach der Vorstellung von
der besonderen Schöpfung des Menschen und stellte
die Menschen scheinbar auf eine Stufe mit den Tieren;
beide Gedanken standen im Widerspruch zu biblischen
100 Berichten. […]

2. Während eines Unterrichtsfilms zum Thema *Entstehung der Arten* wurden folgende Notizen
angefertigt:

Fossilien: Versteinerungen, z. B. Schnecken, Meeresboden, Ablagerung in
Schichten (Schlamm), Millionen Jahre, Druck, Abdruck bleibt, Ammoniten
Archäopteryx: in Solnhofen gefunden, Federn, trotzdem halb Reptil, Urvogel,
Übergangstier, Beweis Reptilien → Vögel, mehrere gefunden
Urpferdchen: Klimaänderung, Steppen statt Wald, vorher in Sümpfen und
feuchten Wäldern – anderes Pferd (neuer Lebensraum Steppe), Laubfresser
→ Grasfresser, einzehig (Huf) schneller in der Steppe, größer, dauerte ganz lange;
andere Arten entstanden ähnlich

Archäopteryx

Ammoniten

Überarbeite die Notizen und fertige eine ausführliche Niederschrift von etwa einer Seite in deinem
Heft an. Bei Unklarheiten informiere dich selbst mit Hilfe geeigneter Nachschlagewerke.

Rechtschreibung

Auf Wortbausteine achten

1. In den folgenden Adjektiven stecken Nomen. Schreibe sie dazu. Suche jeweils noch ein Wort mit gleichem Wortstamm.

gleichzeitig – *die Zeit* *zeitlos*	langfristig – *die* ___	gleichnamig – ___	übersichtlich – ___
zugänglich – ___	gleichberechtigt – ___	eigenständig – ___	zusätzlich – ___
feinmaschig – ___	zweireihig – ___	vollzählig – ___	eintönig – ___

2. Bilde jeweils aus dem ersten Wort ein Adjektiv. Achte auf die richtige Endung.

Standort	– Landbau	▷ *der standortgerechte Landbau*	
Stimmung	– Musik	▷ ___	-voll
tragen	– Mehrheit	▷ ___	-fähig
Schritt	– Vorwärtskommen	▷ ___	-gerecht
Ärmel	– Weste	▷ ___	-weise
Pestizid	– Anbau	▷ ___	-mäßig
Regel	– Teilnahme	▷ ___	-los
Schlag	– Änderung	▷ ___	-artig
Salz	– Speisen	▷ ___	-frei
Flieder	– Kleid	▷ ___	-haltig
reißen	– Gewebe	▷ ___	-arm
Abfall	– Einkauf	▷ ___	-fest
			-farben

3. Ergänze Adjektive mit -los, -voll, -weise, -reich, -frei, -fähig, -haltig, -artig:

mit Fantasie

ohne Gewissen

viel Wald

ohne Staub

mit Maß

ohne Ende

als Ausnahme

ohne Mühe

hat einen Sinn

enthält Kalk

eine große Zahl, viel

kann Leistung erbringen

nur zu bestimmten Zeiten

ohne Sorgen

Lösungswort: _____ (Schlüsselteil)

4. Wenn der letzte Bestandteil eines zusammengesetzten Wortes ein Adjektiv ist, schreibe klein.
Steht ein Nomen am Schluss, schreibe groß. Entscheide: klein oder groß?

NATURNAH	ALTPAPIER	PFLEGEINTENSIV	VORDACH
_____	_____	_____	_____
MONTAGEFERTIG	NEUWAGEN	SPRÜHMITTEL	SPERLINGGROSS
_____	_____	_____	_____
JUNGVOGEL	KLETTERROSE	METERLANG	STERNFÖRMIG
_____	_____	_____	_____
HAUTFREUNDLICH	SCHNURGERADE	ZENTNERSCHWER	WASSERDICHT
_____	_____	_____	_____
ABGRUNDTIEF	WETTERFEST	HIMMELBLAU	DIENSTEIFRIG
_____	_____	_____	_____

QUERVERBINDUNG	SOFORTPROGRAMM
_____	_____

5. Zerlege die Wörter in ihre Bausteine:

a)

Wortstamm

offensichtlich		
empfangen		
Darstellung		
beenden		
verreist		
Auffahrt		
verzeihen		

b)

Wortstamm

außergewöhnlich			
Missverständnis			
eigenverantwortlich			
Wiederverwertung			
abgeschnitten			
angewandt			
ausverkauft			

6. Bilde neue Wörter mit den Wörtern aus dem Pinnzettel und den Vorsilben ab-, be-, ver-, ein-. Suche Wortverwandte.

befangen, die Empfängnis, _____

_____

_____

_____

_____

_____

fangen, enden, reisen, kaufen, fahren, stellen, antworten, schneiden

Fremdwörter

Mit unserem neuesten Alpin-Ski-Modell werden Sie auf allen Skipisten Furore machen. Es besticht durch sein futuristisches Design und durch eine geradezu spektakuläre Technologie. Moderne High-tech-Materialien wurden mit höchster Präzision und in perfekter Qualität verarbeitet. Die neuartige Vakuumtechnik, eine sensationelle Innovation im Skibau, sorgt für eine optimale Flächendruck-verteilung. Durch erhöhte Flexibilität speziell im Bereich von Skispitze und -ende werden Bodenwellen optimal absorbiert. Logisch, dass ein solcher Superski seinen Preis hat und ihn absolut wert ist.

1. Unterstreiche alle im Werbetext vorkommenden Fremdwörter.

2. Ordne jeweils das passende Fremdwort aus dem Text zu und füge ein verwandtes Wort hinzu.

vollkommen	*perfekt*	*die Perfektion*
Neuerung		
Aufsehen erregend		
Entwurf, Gestaltung		
Genauigkeit		
uneingeschränkt		
bestmöglich		
zukunftsweisend		
Gesamtheit technischer Verfahren		
großen Beifall erringen		
besonders, eigens		
nahezu luftleerer Raum		
Biegsamkeit		
in sich aufnehmen		
denkrichtig		

3. Ergänze den fehlenden Teil der Wörter mit Hilfe des Pinnzettels:

Skand☐   Instrum☐   Statist☐   kompl☐   dez☐

Lok☐   Tal☐   adr☐   Sign☐   Log☐

Ökolog☐   Pati☐   Ball☐   Theolog☐   Etik☐

Hekt☐   Krit☐   Diplomat☐   Akust☐   phänomen☐

-ie
-ik
-ent
-ett
-al

4. Rätsel

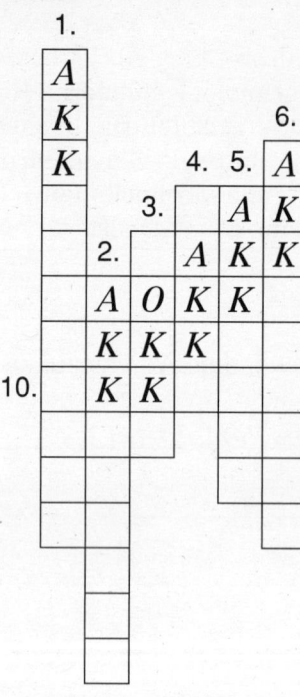

Senkrecht:
1. speichert Elektrizität
2. Wenfall (4. Fall)
3. starkes Kaffeegetränk
4. Herrenjackett
5. sorgfältig
6. Handharmonika
7. Entwurf, vorläufige Form
8. Zwischenspiel (in Drama, Oper)
9. plötzliche Polizeifahndung

Waagerecht:
10. Zusammenklang von mehreren Tönen, auch: Arbeiten im Stücklohn
11. heiß serviertes italienisches Hefegebäck

(Schlüsselteil)

5. a) Bilde zu den Adjektiven Nomen mit -enz oder -anz.

intelligent	die _____	abstinent	die _____
brillant	_____	prominent	_____
konsequent	_____	kompetent	_____
arrogant	_____	elegant	_____
tolerant	_____	dominant	_____

b) Ersetze das deutsche Adjektiv durch das entsprechende Fremdwort aus Aufgabe 5 a).

ein (überheblicher) _____ Mensch

ein (fähiger) _____ Ratgeber

eine (weithin bekannte) _____ Politikerin

ein (glänzender) _____ Redner

eine (vorherrschende) _____ Erbanlage

ein (unbeirrbares) _____ Handeln

c) Füge den Adjektiven aus Aufgabe 5 a) Nomen bei.

eine intelligente Lösung. _____

_____

_____

_____

6. Setze die fehlenden Fremdwörter an passender Stelle ein.

Das Wahlergebnis wurde _____ bekannt gegeben.

Bei der Freizeitmesse gab es einige _____ Neuheiten.

Viele werden sich _____ erneut bewerben müssen.

Das Thema ist nach wie vor _____.

Jeder entscheidet nach seinem _____ Geschmack.

Der Lauf findet _____ zu Silvester statt.

Die Idee ist allerdings nicht besonders _____.

Festspiele sind ein großes _____ Ereignis.

Die Stadt verweigert jegliche _____ Unterstützung.

> aktuell
> sensationell
> finanziell
> offiziell
> eventuell
> originell
> individuell
> traditionell
> kulturell

7. Wie heißt das Gegenteil?

abstrakt ↔ _____   defensiv ↔ _____

praktisch ↔ _____   objektiv ↔ _____

aktiv ↔ _____   pessimistisch ↔ _____

negativ ↔ _____   absolut ↔ _____

(Schlüsselteil)

8. Kommunikation umfasst ein immenses Spektrum von verbalen und nonverbalen Signalen. Bei der direkten Kommunikation sind Gestik, Mimik, Blickkontakt und Körperhaltung wesentliche Faktoren der subtilen Informationsübermittlung. Der gesamte Kommunikationsprozess ist ein komplexes, variantenreiches Wechselspiel zwischen Produzent und Rezipient. Eine Vielzahl von Kommunikationsstörungen ist möglich. So kann eine mündliche Nachricht rein akustisch „nicht ankommen", sie kann aber ebenso bewusst ignoriert werden. Durch geschickte Strategien gelingt es speziell den Massenmedien, ihre Konsumenten zu manipulieren. Da die Formen der indirekten Kommunikation – über technische Medien – heute im Alltag meist dominieren, wird es immer wichtiger, individuelle Möglichkeiten zum Feed-back zu schaffen.

a) Unterstreiche die Fremdwörter im Text. Schlage unbekannte Begriffe nach.
b) Versuche die Fremdwörter durch deutsche Umschreibungen zu ersetzen. Entscheide, in welchen Fällen ein Ersatz möglich und sinnvoll ist. Schreibe den Text in vereinfachter Form in dein Heft.

9. a) Sortiere folgende Fremdwörter nach den angegebenen Bereichen.
Schlage die Wörter, die du nicht verstehst, im Fremdwörterbuch nach.

Plenum	Kostüm	Allergie	Abonnement	Kredit	Tarif
Filiale	Parodie	Karikatur	Patient	Fraktur	Leggins
Flanell	Kompromiss	Opposition	Satire	Leasing	Koalition
Finanzminister	Virus	Stretch	T-Shirt	Epidemie	Therapie
Kabarett	Poesie	gratis	Bilanz	Diagnose	Kabinett
Fraktion	Bikini	Vene	Galerie	Komödie	Aktie
Branche	Tragödie	Parlament	adrett		

Medizin _____

_____

Kultur _____

_____

Geschäfts- bzw. Arbeitsleben _____

_____

Politik _____

_____

Mode _____

_____

b) Ergänze weitere Fremdwörter zu den einzelnen Bereichen.

_____

_____

_____

_____

_____

10. Suche Verben mit **-ieren**

Engagement – _____   Annonce – _____

Abonnement – _____   Deserteur – _____

Bandage – _____   Balance – _____

Groß- und Kleinschreibung

Nominalisierung

> Verben, Adjektive und andere Wörter können wie Nomen gebraucht werden, d. h., sie können nominalisiert werden. Nominalisierungen erkennt man meistens am Begleiter:
>
> Artikel oder Pronomen   ▷   **das** Absetzen, **ihr** Auseinanderbrechen
>
> Präpositionen (+ Artikel)   ▷   **durch** (**das**) Verdunsten, **aufs** Ganze gehen
>
> Mengenwörter, Zahlwörter   ▷   **viele** Verunglückte, **sieben** Überlebende

1. Ordne die Nominalisierungen nach ihren Begleitern.

Urlaub ohne Bares	nichts Vergleichbares	aus dem Dunkeln	sechs Richtige
etwas Besseres wünschen	für ganz Mutige	viele Tausende	das einzig Richtige
die Falschen ansprechen	nicht im Entferntesten	das Äußere auf Hochglanz bringen	

Artikel	Präposition (+ Artikel)	Mengen- oder Zahlwort

2. Kreise alle Nomen sowie die nominalisierten Wörter ein und unterstreiche ihre Begleiter. Schreibe den Text in richtiger Groß- und Kleinschreibung in dein Heft.

MIT DER NUTZUNG DER GENTECHNIK WURDE EINE ENTWICKLUNG INS ROLLEN GEBRACHT, WELCHE BEI VIELEN DIE ANGST VOR DEM UNBERECHENBAREN WECKT. DIE MÖGLICHKEITEN UND RISIKEN ÜBERSTEIGEN BEI WEITEM ALLES DAGEWESENE. DAS AUSBRINGEN DER ERSTEN MANIPULIERTEN PFLANZEN INS FREIE LÖSTE ZU RECHT LEBHAFTE DISKUSSIONEN AUS UND RIEF EINE VIELZAHL VON KRITIKERN AUF DEN PLAN. DAS BEDRÜCKENDE AN DER SACHE IST DER GEDANKE, EIN DERARTIGES EINGREIFEN IN DIE NATUR NICHT MEHR RÜCKGÄNGIG MACHEN ZU KÖNNEN. VOR ALLEM VERANTWORTUNGSBEWUSSTSEIN IST DAS ENTSCHEIDENDE BEIM UMGANG MIT GENMANIPULATIONEN ALLER ART.

3. Verwende die Verben als Nomen.

regelmäßig gießen

das regelmäßige Gießen

(durch) regelmäßiges Gießen

stundenlang warten

saisongerecht einkaufen

ständig nörgeln

sich richtig verhalten

konzentriert arbeiten

4. Großschreibung fester Verbindungen

a) Schreibe feste Verbindungen mit der Präposition **im:**

groß und ganz	wesentlich	voraus	übrig
allgemein	einzeln	ganz	folgend

im Großen und Ganzen, im

im = in dem

in = Präposition

dem = Artikel

b) Welche von den gefundenen festen Verbindungen können hier eingesetzt werden?

vorher = _____ bezahlen   insgesamt = _____ gesehen

weiter unten = _____ begründen   eingehend = _____ informieren

c) Bilde ähnliche feste Verbindungen mit aufs (neu, äußerst, herzlichst):

es aufs Neue versuchen.

Kleinschreibung

Unbestimmte Mengenwörter wie z. B. **alle, viele, wenige** und das Pronomen **beide** werden in allen Formen kleingeschrieben, auch wenn sie wie Nomen verwendet werden.

1. Bilde je einen Satz mit den im Pinnzettel angegebenen Wörtern.

_____

_____

_____

_____

> die eine – der andere
> etwas anderes
> alle beide
> das meiste

Feste Verbindungen aus Präposition + Adjektiv werden kleingeschrieben, wenn kein Artikel dabeisteht.

ohne weiteres	durch dick und dünn	von weitem	bei weitem
seit langem	bis auf weiteres	vor kurzem	über kurz oder lang
von klein auf	von nah und fern	von neuem	nach langem

2. Setze die oben stehenden Wendungen an Stelle der Klammerausdrücke ein.

Sie haben die Grenzen (ohne Bedenken) _____ passiert.

Das ist das (weitaus) _____ beste Foto von dir.

Er will den Gipfel (aus großer Entfernung) _____ sehen.

Ich bin (vorerst) _____ krankgeschrieben.

Nun wird alles (nochmals) _____ beginnen.

Sie war (von Kindheit an) _____ kränklich gewesen.

Das ist (seit langer Zeit) _____ nicht mehr vorgekommen.

Das Ergebnis war bis (neulich) _____ nicht bekannt.

Die Tat wird (in nächster Zeit) _____ in Vergessenheit geraten.

Sie erhielten begeisterte Zuschriften (von überall her) _____.

Mit dir würde ich (alle Schwierigkeiten meistern) _____.

Es regnete (nach langer Zeit) _____ endlich mal wieder.

In Verbindung mit den Verben **sein, werden, bleiben** werden Nomen wie Adjektive gebraucht und deshalb kleingeschrieben: ernst bleiben, jemandem ist angst …

3. Klein oder groß? Entscheide nach der Regel:

Angst angst	Mir wird _____ und bange. Ihm _____ zu machen finde ich nicht gut. Sie hat große _____ .
Leid leid	Manchmal bin ich es so _____ . Es tut mir sehr _____ . Lass es dir nicht _____ werden!
Schuld schuld	Er trägt keine _____ daran. Wir sind selbst _____ an dem Dilemma. Sie gibt ihm wieder die _____ .
Recht recht	Du hast ja _____ . Mir ist es gerade _____ . Du hast _____ behalten. Ich muss dir _____ geben.
Ernst ernst	Du musst endlich _____ machen mit dem harten Training. Das ist mir sehr _____ . Er kann einfach nicht _____ bleiben.
Wert wert	Das ist mir die Sache _____ . Es ist nicht der Mühe _____ . Auf Zuverlässigkeit lege ich großen _____ .

(Schlüsselteil)

4. Einmal groß – einmal klein. Entscheide nach den Regeln der Groß- und Kleinschreibung oder sieh im Wörterbuch nach.

A. Zum Treffen waren UNZÄHLIGE _____ erschienen.

   Es gab UNZÄHLIGE _____ Gelegenheiten für ein Treffen.

B. Jeder EINZELNE _____ Mensch kann etwas dafür tun.

   Jeder EINZELNE _____ kann dazu beitragen.

C. Du musst das als GANZES _____ sehen.

   Wir haben das GANZE _____ Ausmaß betrachtet.

D. Jeder FÜNFTE _____ erhielt die Kündigung.

   Jeder FÜNFTE _____ Betrieb wurde geschlossen.

E. Der NÄCHSTE _____ bitte!

   Der NÄCHSTE _____ Kunde tritt ein.

Getrennt- und Zusammenschreibung

Nur in wenigen Fällen werden Nomen mit Verben zusammengeschrieben (bei untrennbar zusammengesetzten Verben,
z. B. **bergsteigen,** und bei Zusammensetzungen mit „verblassten"
Nomen, z. B. **teilnehmen**).

handhaben
notlanden
heimkehren
haushalten
bergsteigen
standhalten

1. Ergänze die Sätze mit dem passenden Verb aus dem Pinnzettel.

Erst nach vier Jahren durften die Gefangenen _____.

Sie hat rasch gelernt, den Computer richtig zu _____.

Hoffentlich wird der Damm der Sturmflut _____.

Viele können mit ihrem Geld nicht richtig _____.

Wer _____ will, muss die richtige Ausrüstung haben.

Wegen eines Defektes musste das Flugzeug _____.

Adjektive und Verben werden getrennt
geschrieben, wenn das Adjektiv erweiter-
bar oder steigerbar ist, wenigstens mit
„sehr" oder „ganz": *den Parkplatz*
sauber(er) halten …

Adjektive und Verben werden zusammengeschrieben, wenn das Adjektiv in der
Verbindung weder erweitert noch gestei-
gert werden kann: *eine elektrische
Leitung* **kurzschließen …**

2. Entscheide mit Hilfe der Steigerungs-/Erweiterungsprobe, ob getrennt oder zusammengeschrieben
   wird.

	Adjektiv	Verb	
Der Termin muss endgültig	fest	stehen	_____
Du darfst dich nicht so	kaputt	machen	_____
Ich werde nie mehr	schwarz	fahren	_____
Vielleicht kann sie doch	wahr	sagen	_____
Du solltest sie nicht überall	schlecht	machen	_____
Das wird ihr sicher nicht	leicht	fallen	_____
Den Betrieb werden sie bald	dicht	machen	_____
Er darf nicht noch einmal	blau	machen	_____
Sie wird ihn wahrscheinlich niemals	zufrieden	lassen	_____

(Schlüsselteil)

Verbindungen mit **sein, viel** und **einander** werden getrennt geschrieben.

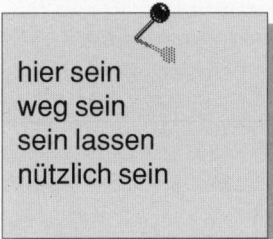

hier sein
weg sein
sein lassen
nützlich sein

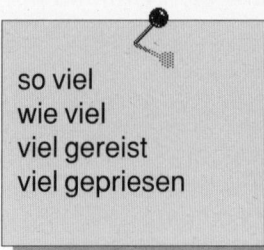

so viel
wie viel
viel gereist
viel gepriesen

3. a) Verwende die Wörter aus den Pinnzetteln in Sätzen.

_____

_____

_____

_____

_____

_____

_____

_____

b) Bilde Zusammensetzungen mit **-einander** und einem passenden Verb.

miteinander	*sprechen*	auseinander	_____
nacheinander	_____	voneinander	_____
durcheinander	_____	nebeneinander	_____
hintereinander	_____	übereinander	_____
zueinander	_____	gegeneinander	_____
aneinander	_____	untereinander	_____
beieinander	_____	füreinander	_____

> Zusammengesetzte Adverbien werden
> immer getrennt vom Verb geschrieben.

> | | |
> |---|---|
> | überhand | nehmen |
> | abhanden | kommen |
> | zugute | kommen |
> | zunichte | machen |
> | rückwärts | rollen |
> | vorwärts | drehen |

4. Ergänze aus dem Pinnzettel.

Seine blaue Mütze ist (verloren gegangen)_____

_____ .

Diese Spende soll der Welthungerhilfe (nützlich sein) _____ .

Damit wurden die meisten Reformpläne (zerstört) _____ .

Im letzten Jahr haben Verkehrsunfälle mit Radfahrern (sind zu häufig passiert)

_____ .

Die Zeiger der Uhren werden sich immer (weiter nach vorn bewegen) _____

_____ .

An diesem Hang würde der Wagen (zurückfahren) _____ .

> In manchen Fällen ist es dem Schreiber überlassen, getrennt oder zusammen-
> zuschreiben, z. B. bei Präpositionen und „verblassten" Nomen.
> Achtung! Bei Getrenntschreibung werden die Nomen großgeschrieben!

ZUGRUNDE	IMSTANDE	INSTAND	ZUNUTZE
ZUSCHULDEN	ZUSTANDE	INFRAGE	ZUTAGE

5. Ergänze jeweils passende Verben aus dem Pinnzettel:

zu Grunde gehen, _____

_____

_____

_____

_____

_____

_____

> – richten, gehen,
>   legen
> – setzen, halten
> – stellen
> – bringen,
>   kommen
> – sein, fühlen
> – kommen lassen
> – machen
> – fördern

Kommasetzung

Komma in der Satzreihe

> In einer Satzverbindung werden die aneinander gereihten Hauptsätze durch ein Komma voneinander getrennt.
> Auch aufgezählte Wörter und Wortgruppen werden durch Kommas getrennt.
> Das Komma entfällt, wenn Teile einer Aufzählung mit **und, oder, bzw., sowie** verbunden sind.

1. a) Setze die fehlenden Kommas.

Klimaänderungen lassen sich nur bei Betrachtung langer erdgeschichtlicher Zeiträume erkennen im Laufe der Erdgeschichte war das weltweite Klima immer wieder zum Teil starken Änderungen unterworfen.

Für die Ursachen von Klimaänderungen wurde bis heute trotz zahlreicher Theorien keine befriedigende allgemein gültige Erklärung gefunden. Als Ursachen kommen die Schwankungen der zugestrahlten Sonnenenergie die Bewegung des Sonnensystems in der Milchstraße sowie die Bewegung der kontinentalen Erdplatten in Frage. Durch das Auseinanderbrechen oder durch die Kollision von Platten öffnen bzw. schließen sich Meeresarme neue Meeresströmungen entstehen bzw. werden abgelenkt. Die Wasserverteilung und die Wärmeverteilung in den Weltmeeren ändern sich das kann zu Auswirkungen auf das Weltklima führen.

Erdgeschichtliche Klimaänderungen lassen sich anhand von Gesteinsablagerungen durch Vereisungsspuren und in Eisbohrkernen nachweisen. Die Sahara beispielsweise war einst von Gletschern überzogen die heutige Wüstenregion lag damals im Bereich des Südpols und vor etwa 65 Millionen Jahren herrschte dort ein tropisches wechselfeuchtes Klima.

(Schlüsselteil)

b) Verbinde die Hauptsätze durch passende Konjunktionen aus dem Pinnzettel und setze das Komma.

Drohende Klimakatastrophen sind ein viel diskutiertes Thema.	Klimaänderungen gab es schon immer.
Umweltschützer fordern tagtäglich Maßnahmen zum Schutz des Weltklimas.	Es ist ihrer Meinung nach fünf vor zwölf.
Die genauen Ursachen lassen sich nur unzureichend klären.	Man sollte die Risiken menschlicher Einflüsse nicht unterschätzen.
Eine Veränderung des Klimas ist tatsächlich nachweisbar.	Ob die Vorhersagen der Wissenschaftler eintreffen werden, ist ungewiss.

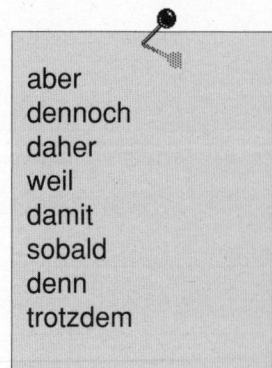

aber
dennoch
daher
weil
damit
sobald
denn
trotzdem

_____

_____

_____

_____

_____

_____

_____

_____

Komma zwischen Haupt- und Nebensatz

> Nebensätze werden vom Hauptsatz getrennt.
> Der Nebensatz kann Nachsatz, Vordersatz oder Zwischensatz sein.

1. Fasse jeweils zwei Sätze zu einem Satzgefüge zusammen. Verwende dazu die angegebene Konjunktion bzw. das Relativpronomen. Schreibe in dein Heft.

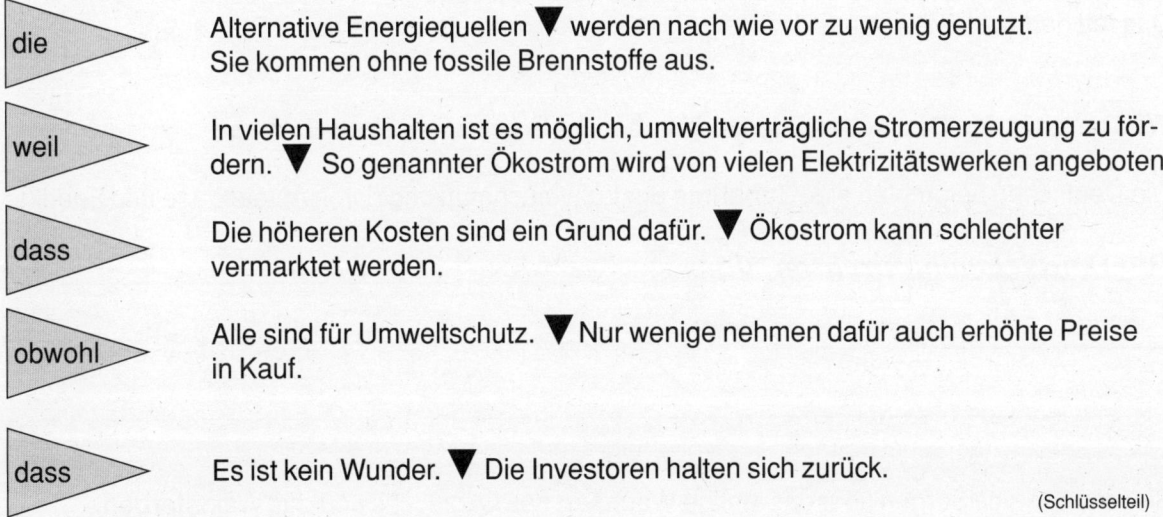

die — Alternative Energiequellen ▼ werden nach wie vor zu wenig genutzt. Sie kommen ohne fossile Brennstoffe aus.

weil — In vielen Haushalten ist es möglich, umweltverträgliche Stromerzeugung zu fördern. ▼ So genannter Ökostrom wird von vielen Elektrizitätswerken angeboten.

dass — Die höheren Kosten sind ein Grund dafür. ▼ Ökostrom kann schlechter vermarktet werden.

obwohl — Alle sind für Umweltschutz. ▼ Nur wenige nehmen dafür auch erhöhte Preise in Kauf.

dass — Es ist kein Wunder. ▼ Die Investoren halten sich zurück.

(Schlüsselteil)

2. Ergänze die fehlenden Kommas im Text. Unterstreiche Konjunktionen und Relativpronomen.
An zwei Stellen findest du Einschübe, die durch Gedankenstriche abgetrennt werden müssen.
Unterstreiche die Einschübe farbig.

Seit 1850 ist die Temperatur weltweit um etwa 1 °C angestiegen. Nach wie vor nicht
ganz geklärt ist jedoch ob dieser nachweisbare Anstieg nur auf den Einfluss des Menschen etwa die gestiegenen Kohlendioxidemissionen zurückzuführen ist oder ob und
inwieweit auch natürliche Klimaveränderungen daran beteiligt sind. Schließlich wäre es
auch plausibel dass der Anstieg innerhalb einer natürlichen Schwankungsbreite des globalen Klimas liegt. Derartige Schwankungen wurden für Zeiträume von Zehntausenden von
Jahren festgestellt und sie zeigen sich sowohl in längeren als auch in kürzeren Zyklen.
Wissenschaftliche Untersuchungen ergaben dass vor allem die vergleichsweise hohen Temperaturen während der Winter im Lauf des 20. Jahrhunderts zur globalen Erwärmung
beitrugen. Seit 1890 sind mit Ausnahme der Sechzigerjahre die durchschnittlichen Wintertemperaturen aller Dekaden als sehr mild bewertet worden. Die Unsicherheiten in der
Ursachenerforschung sind aber auch einer der Gründe weshalb Maßnahmen zur Begrenzung des Kohlendioxidausstoßes von manchen Ländern wie etwa den USA immer noch
nicht oder nicht in dem Ausmaß wie in anderen Staaten gesetzlich durchgesetzt werden.
Dennoch sind die Gefahren die mit einer globalen Erwärmung zusammenhängen so groß
und die Folgen so weit reichend dass alle international führenden Wissenschaftler ein
schnelles Handeln und eine internationale Zusammenarbeit fordern.

(Schlüsselteil)

3. Forme die folgenden Sätze im Nominalstil zu dass-Sätzen um.
Das fett gedruckte Wort muss dazu jeweils in ein Verb umgeformt werden.

Was bereitet den Deutschen Kopfzerbrechen? – Ergebnisse einer Umfrage

Die Deutschen befürchten eine **Zunahme** der Luftverschmutzung durch Autoabgase und Fabriken.

Die Deutschen befürchten, dass _____

_____

_____

Sie machen sich Sorgen über das stetige **Wachsen** des Ozonlochs und das Wald**sterben**.

_____

_____

_____

_____

_____

90 Prozent sprechen sich für eine **Entlastung** der Straßen aus durch einen weiteren Ausbau des öffentlichen Personennahverkehrs.

_____

_____

_____

Ähnlich hoch fällt das Votum für den **Ausbau** des Radwegenetzes aus.

_____

_____

_____

Komma bei Einschüben und Zusätzen

Nachträgliche Erklärungen oder Zusätze (Wörter, Wortgruppen oder Teilsätze) werden durch Kommas abgetrennt. Sie können auch durch **und zwar, nämlich, d. h.** o. Ä. eingeleitet werden.

1. Lies den Text laut und achte auf Sprechpausen.
   Unterstreiche nachträgliche Erklärungen und Zusätze und trenne sie durch Kommas ab.

Rucksacktouristen d. h. Urlauber ohne großes Reisegepäck sind oft keine gern gesehenen Urlaubsgäste. Sie sind meist aufs Geratewohl unterwegs nämlich ohne etwas gebucht zu haben und geben in der Regel recht wenig Geld aus. Die Hotels und Restaurants machen mit dieser Gruppe von Touristen nur wenig Geschäft. Andererseits beanspruchen die Rucksacktouristen das ist logisch öffentliche Einrichtungen und damit die Infrastruktur des Gastlandes. Die dadurch anfallenden Kosten können im Gegensatz zum Pauschaltourismus nicht über erhöhte Umsätze d. h. durch ein erhöhtes Steueraufkommen ausgeglichen werden. Reisegesellschaften bieten inzwischen organisierten Trekking-Urlaub an eine Möglichkeit die Abenteuerlichkeit des Trekkings mit den Annehmlichkeiten des Reisemanagements zu verbinden.

(Schlüsselteil)

Komma setzen – nach Belieben?

Stammt der Mensch vom Affen ab?

Charles Darwin hatte schon zu Lebzeiten Probleme seine Theorie der Entwicklung des Menschen zu veröffentlichen. Seinen Forschungsergebnissen folgend musste man notgedrungen in Konflikt mit der biblischen Schöpfungsgeschichte geraten und viele hielten den Gedanken an eine nahe Verwandtschaft von Mensch und Affe außerdem für eine grobe Beleidigung. Dabei stammt der Mensch genau betrachtet ja nicht vom Affen ab und das hatte auch Darwin gar nicht behauptet. Ausgehend von einer Vielzahl von Forschungsergebnissen ist die Entwicklungslinie des Menschen weit zurückzuverfolgen. Die Trennung der Entwicklung von Affe und Mensch ist bereits in der Zeit des Tier-Mensch-Übergangsfeldes erfolgt und man spricht heute nur noch von gemeinsamen Vorfahren. Auf dieser Erkenntnis basierend kann die sehr weitläufige „Verwandtschaft" des Menschen mit den heutigen Affen getrost akzeptiert werden. Nebenbei bemerkt sind im Zoo zu beachtende Parallelen von tierischem und menschlichem Verhalten trotzdem nicht zu leugnen.

1. Dieser Text verstößt nicht gegen die Rechtschreibregeln, obwohl er kein Komma enthält.
   Zur leichteren Lesbarkeit und zum besseren Verständnis könnten jedoch Kommas gesetzt werden.

   An welchen Stellen würdest du Kommas setzen? Lies dazu den Text einmal laut.
   Beachte dazu auch die folgenden „Kann-Bestimmungen".

   > Das Komma **kann** gesetzt werden, wenn **und** oder **oder** ein Satzgefüge anschließt oder wenn damit gleichrangige Sätze verbunden werden.
   >
   > **Beispiel:** Man kann hier ein Komma setzen(,) oder man kann es auch sein lassen.

   > Wortgruppen, wie z. B. ein erweiterter Infinitiv mit zu, kann man durch Komma abtrennen, um die Gliederung des Satzes deutlich zu machen.
   >
   > **Beispiel:** Das Thema ist(,) schlicht gesagt(,) einfach langweilig.
   >   Wir empfehlen(,) sich mit der Kommasetzung zu beschäftigen.

2. Manchmal schafft erst das Komma Klarheit:

   Der Rektor befahl der Schülerin zu helfen.

   Dieser Satz ist ohne Komma nicht eindeutig.

   Möglichkeit 1: Der Schülerin soll geholfen werden. → Der Rektor befahl, der Schülerin zu helfen.
   Möglichkeit 2: Die Schülerin soll jemandem helfen. → Der Rektor befahl der Schülerin, zu helfen.

Erkläre ebenso:

Der Lehrer empfahl den Jugendlichen aufmerksam zuzuhören.

Möglichkeit 1: _____

_____

Möglichkeit 2: _____

_____

Wir rieten ihm alles zu erzählen.

Möglichkeit 1: _____

_____

Möglichkeit 2: _____

_____

3. Ergänze die Sätze mit den passenden Wortgruppen aus dem Pinnzettel. Du kannst die Wortgruppen durch Kommas abtrennen.

Er begann _____

mit seinen Ausführungen.

Sie hörten _____

aufmerksam zu.

Seinen Vortrag hielt er _____

_____ im großen Saal der Universität.

Anschließend beantwortete er _____

unzählige Fragen.

Seine Widersacher verließen _____ den Saal.

- vor Aufregung bebend
- ganz in Schweigen gehüllt
- ohne zu zögern
- von der Stimme des Redners gebannt
- von vielen Interessierten umringt

Der Wandel der Sprache im schriftlichen Bereich

❶

„Drum schraibi wäihi will"
Was fränkische Autoren von der Rechtschreibreform halten

„manche meinen / lechts und rinks / kann man nicht velwechsern. / werch ein illtum!"

dieses kürzestgedicht von ernst jandl beschreibt sehr genau das dilemma einer
5 jeden rechtschreibung: sie ist vor verwechslung nicht gefeit […]

doch spaß beiseite: ohne ordnung geht es nun einmal nicht. die gralshüter unserer sprache, als da sind deutschlehrer und duden-
10 redakteure, wachen über die strikte einhaltung des von ihnen in langen jahren entwickelten komplizierten regelwerks.

die kanonisierung der rechtschreibung setzte erst sehr spät in der romantik ein.
15 goethe und schiller schrieben noch, wie ihnen der schnabel gewachsen war. nach heutigen maßstäben wären sie alle beide längst als legastheniker eingestuft … rechtschreibung

ist willkür, verabredung, mehr nicht. und verabredungen pflegt man gewöhnlich zu hal- 20 ten. irgendwann einmal kam einer auf die idee, „baum" mit weichem „b" zu schreiben. ich mache jede wette, daß der altdeutsche vorläufer des wortes noch mit „p" geschrieben wurde, was für uns franken sowieso kei- 25 nen unterschied macht.

die rechtschreibreform ist ein „reförmchen" […], die reformer haben bei ihrem sandkastenspiel bloß ein paar förmchen ausgetauscht. jetzt sollen wir alle „dass" schrei- 30 ben, wenn wir „daß" meinen. was soll's? obber die konsekwenz fehld, ä rewoluzzioon is ned. dou bin iich scho länxd viil weidä, wenni fränggisch schreib …

Fitzgerald Kusz

Ⓡ

❷

Aus der Geschichte der Orthografie

Die Geschichte der Rechtschreibung ist kurz: Erst zu Beginn des 20. Jahrhunderts wurde in Deutschland die Orthografie vereinheitlicht. „Bis 1870 gab es eine einheitliche Schreib-
5 weise nicht einmal innerhalb der deutschen Einzelstaaten", sagt Christina Hofmann-Randall von der Universitätsbibliothek in Erlangen, die im Foyer des Schlosses bis zum 12. November eine Ausstellung über die Geschichte der
10 Rechtschreibung zeigt.

Der Gymnasiallehrer Konrad Duden klagte 1869: „Nicht zwei Lehrer derselben Schule waren in allen Stücken über die Rechtschreibung einig, und eine Autorität, die man hätte
15 anrufen können, gab es nicht." Dudens Ziel, „alle Schüler schreiben gleich", gab der Ausstellung der Erlanger Universitätsbibliothek den Titel. „Doch auch damals war eine Orthografiereform nicht ohne Schwierigkeiten
20 durchzusetzen", sagt Hofmann-Randall.

Eine Konferenz führender Germanisten verabschiedete 1876 in Berlin zum ersten 25 Mal eine Empfehlung für das ganze Reich, doch die Unterrichtsbehörden der einzelnen Bundesstaaten lehnten die Vorschläge ab. 30 Erst als sich 1901

Konrad Duden

das Reichsinnenministerium des Themas 35 annahm, kam es zur Einigung. 1903 wurde die erste „Deutsche Einheitsorthographie" eingeführt.

Rechtschreibung (Orthografie), die Normierung der Schreibweise einer Sprache nach verbindlichen Regeln mit dem Ziel, einen einheitlichen Schreibgebrauch innerhalb einer Sprachgemeinschaft zu gewährleisten und eine schriftliche Verständigung zu ermöglichen. […]

1. Welche Vorteile hat eine einheitliche Regelung der Rechtschreibung?

_____

_____

2. Welches Ziel hatten alle Bestrebungen, die Rechtschreibung zu reformieren?

_____

3. Informiere dich genauer über Konrad Duden und über die Geschichte der Orthografie. Notiere einige Informationen aus Text 2 in Stichpunkten.

_____

_____

_____

4. Was hält der fränkische Autor Fitzgerald Kusz von der Rechtschreibreform?

_____

_____

_____

5. Im Text 1 wird bewusst die Groß- und Kleinschreibung außer Kraft gesetzt. Ist das eine sinnvolle Vereinfachung der Regeln oder ergeben sich daraus neue Probleme? Schreibe deine Meinung dazu auf.

_____

_____

_____

_____

Sprachbetrachtung

Funktion von Wortarten: das Adverb

Zweifelsohne steht die Urlaubsinsel Mallorca weiterhin hoch im Kurs, **namentlich** bei deutschen Urlaubern. **Alljährlich** fallen die Touristen scharenweise ein. Dieser Massentourismus hinterlässt **bekanntlich** seine Spuren. **Möglicherweise** sind strengere Gesetzte notwendig, um die schlimmsten Auswüchse zu stoppen. **Allerdings** sind nicht alle Regionen Mallorcas gleich stark belastet. Immer noch gibt es **erstaunlicherweise** beschauliche Fischerdörfer. Dort findet der stressgeplagte Großstädter **jederzeit** Ruhe und Erholung, **abseits** vom Rummel der Unterhaltungsindustrie. Wer **notfalls** bereit ist, auf den gewohnten Komfort und auf professionelles Amüsement zu verzichten, ist **glücklicherweise** ein gern gesehener Gast. **Hoffentlich** gelingt es den Verantwortlichen, solche „Erholungsinseln" auf der Urlaubsinsel zu erhalten.

> Das Adverb gibt nähere Auskunft über ein Geschehen. Es kann entweder beim Verb stehen oder es kann Angaben über den Ort, die Zeit, die Art und Weise, den Grund machen.

1. Bei den fett gedruckten Wörtern handelt es sich um Adverbien. Ordne sie nach der Art, wie sie gebildet werden, in die Tabelle ein. Ergänze selbst einige weitere Beispiele.

mit -weise	mit -entlich	mit -s	sonstige

2. Adverbien kannst du meist nach ihrer Bedeutung ordnen. Schreibe je ein Beispiel aus dem Text auf und ergänze die Liste mit eigenen Beispielen.

Art und Weise	Zeitpunkt und Dauer	Ort und Richtung

3. Durch bestimmte Adverbien kann man seine Meinung ausdrücken.
   Beispiel: Hoffentlich → Ich hoffe, dass …
              Leider   → Ich bedaure, dass

   Schreibe solche Adverbien aus dem Text heraus in dein Heft und umschreibe sie ebenso.

4. a) Füge die fehlenden Angaben (in der Nacht – aller Wahrscheinlichkeit nach – an einer unbekann-
ten Stelle) in den Satz ein.

Ein Urlauber ist ertrunken. _____

_____

_____

b) Ersetze die Angaben durch Adverbien. (nachts – vermutlich – irgendwo)

_____

_____

c) Erfinde weitere Meldungen und füge zur genaueren Information Adverbien ein. Schreibe in dein
Heft.

5. a) Ersetze die Ausdrücke in Klammern durch entsprechende Adverbien.

Im Urlaub möchten viele sich _____ (auf keinen Fall) nur auf die faule Haut legen.

Wer _____ (den Tag über) weniger aktiv ist, der will _____ (in der Nacht) etwas

erleben. _____ (gar nicht oft) gerät man _____ (aus Versehen) in einen

zu ruhigen Urlaubsort. Mancher Deutsche, der _____ (die ganze Zeit seines

Lebens) seinen Urlaub auf „seiner" Insel verbrachte, möchte den Lebensabend _____

(an diesem Ort) verbringen. Manche einsamen Strandabschnitte wurden_____

(Stück für Stück) an vermögende Ausländer verkauft.

Heute versucht man _____ (weil es sinnvoll ist) dies zu verhindern.

b) Durch Adverbien kann man Abstufungen ausdrücken. Schreibe einen Text in dein Heft zum
Thema Urlaub/Tourismus und verwende dabei jedes der in der Wortleiste angegebenen
Adverbien wenigstens einmal.

sicherlich – gewiss – wahrscheinlich – vermutlich – vielleicht – möglicherweise – kaum

c) Füge zu den Adverbien ein Adjektiv hinzu und ordne nach ihrer Abstufung und Graduierung.
Schreibe in dein Heft.

völlig – ein wenig – ziemlich – sehr – allzu – kaum – höchst – einigermaßen

völlig sauber _____

_____

Sprachliche Bilder erschließen, beurteilen, verwenden

Georg Heym
Der Winter

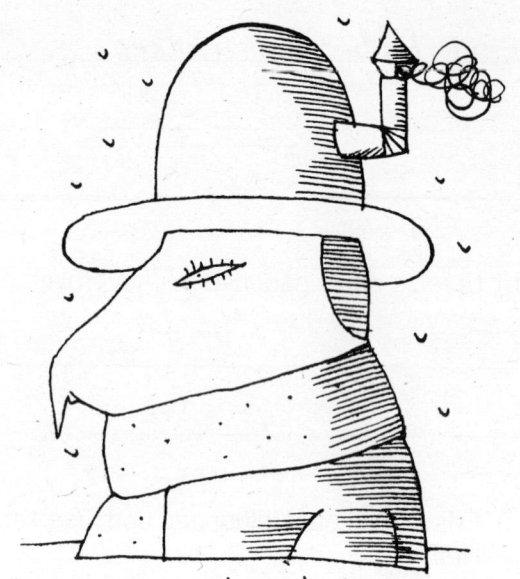

Der Sturm heult immer laut in den Kaminen
Und jede Nacht ist blutig-rot und dunkel.
Die Häuser recken sich mit leeren Mienen.

Nun wohnen wir in rings umbauter Enge
Im kargen Licht und Dunkel unserer Gruben,
Wie Seiler zerrend grauer Stunden Länge.

Die Tage zwängen sich in niedre Stuben,
Wo heisres Feuer krächzt in großen Öfen.
Wir stehen an den ausgefrornen Scheiben
Und starren schräge nach den leeren Höfen.

1. Der Text enthält sprachliche Bilder. Schreibe je ein Beispiel auf.

   Wie-Vergleich: _____

   Metapher: _____

2. Wähle zwei sprachliche Bilder aus dem Text aus. Umschreibe, was sie ausdrücken, und erkläre,
   auf Grund welcher Erfahrungen (Erlebnisse/Eindrücke) sie entstanden sein könnten.

   _____

   _____

   _____

   _____

   _____

   _____

   _____

   _____

   _____

   _____

3. a) Das Gedicht strahlt eine düstere Stimmung aus.
Unterstreiche die Wörter und Wendungen, die du als besonders negativ empfindest.

b) Schreibe Gegensätze (Kontrastwörter oder -wendungen) dazu auf.

der Sturm heult – der Sturm singt

blutig-rot und dunkel – wärmend rot und hell

c) Schreibe den gesamten Text so um, dass er eine positive Winterstimmung vermittelt.

Stilblüten

Der Ball ist rund …

„Ich bleibe auf jeden Fall wahrscheinlich beim KSC." (Sean Dundee)
„Ich mache nie Voraussagen und werde das auch niemals tun." (Paul Gascoigne)

1. a) Wodurch wirken diese Aussagen komisch?
    Zerlege jede Aussage in zwei unterschiedliche Sätze.

    Ich bleibe auf jeden Fall _____

    Ich bleibe _____

    Ich mache _____

    Ich werde _____

   b) Ordne die Wörter aus dem Pinnzettel nach dem „Wahrschein-
      keitsgrad".

      _____

      _____

   c) Schreibe eigene „Stilblüten" in dein Heft, indem du <u>zwei</u> Wörter in
      <u>einem</u> Satz verwendest.

> wahrscheinlich
> niemals
> sicherlich
> unbedingt
> keinesfalls
> auf jeden Fall

2. | ziemlich | teilweise | wenig | nur | bloß | interessant |

   | sehr | beträchtlich | ganz | höchst | völlig | langweilig |

   Mit diesen Wörtern kannst du eine Aussage verstärken oder abschwächen (graduieren).

   Kombiniere mit den beiden Adjektiven. Schreibe nur diejenigen Kombinationen auf, die du passend
   findest.

   _____

   _____

   _____

   _____

   _____

   _____

   _____

3.

> Hiermit möchte ich mich dringend bei Ihnen um einen Ausbildungsplatz als Tierpfleger bewerben.
> Über diesen Beruf habe ich mich äußerst eingehend überall intensiv informiert.
> Ich interessiere mich schon immer extrem stark für Tiere, schon seit meiner Kindheit, und ich möchte wirklich unheimlich gerne mit Tieren arbeiten.
> Im letzten Schuljahr hatte ich Gelegenheit zu einem ziemlich interessanten Praktikum in einem Tierheim. Seitdem bin ich völlig überzeugt, Tierpfleger wäre auf jeden Fall genau der richtige Beruf für mich, denn ich hatte auch im Praktikum echt viel Spaß an der Arbeit.
> Vor allem die äußerst lockere Arbeitsatmosphäre hat mir ausgezeichnet gefallen.

a) Diese Bewerbung hat wenig Aussicht auf Erfolg. Begründe.
b) Streiche unpassende Graduierungen im Text durch.
c) Überarbeite den Text und schreibe ihn in dein Heft.

4. Schlau gesagt – aus dem Lexikon der kleinen Peinlichkeiten:

„Ich bin körperlich und physisch topfit." (Thomas Häßler)

„Wir müssen gewinnen, alles andere ist primär." (Hans Krankl)

„Wir sind eine gut intrigierte Gruppe." (Lothar Matthäus)

„Ja, der FC Tirol hat eine Obduktion auf mich." (Peter Pacult)

„Ach, solche Sachen soll man nicht unnötig hochsterilisieren." (Bruno Labbadia)

a) Ersetze das unpassend gewählte Fremdwort durch ein passendes.

Ich bin körperlich und ... _____

_____

_____

_____

b) Begründe jeweils die unfreiwillige Komik der Äußerungen.

„Ich hatte vom Feeling her ein gutes Gefühl." (Andreas Möller)

_____

„Mein Problem ist, dass ich immer sehr selbstkritisch bin, auch mir selbst gegenüber." (Andreas Möller)

_____

„Zuerst hatten wir kein Glück und dann kam auch noch Pech dazu." (Jürgen Wegmann)

_____

Herkunft und Bedeutung von Wörtern untersuchen

Sprache und Geschichte

Unsere Schriftsprache, das so genannte Neuhochdeutsch, hat gemeinsam mit vielen anderen Sprachen ihre Wurzeln im indogermanischen Sprachraum, der sich von Indien über Westasien bis Europa erstreckte und dessen Geschichte bis zurück in die Steinzeit reicht. Aus dem Indogermanischen entwickelten sich die germanischen Sprachen. Diese werden heute von 480 Millionen Menschen in Nord-, West- und Mitteleuropa, Nordamerika, Südafrika und Australien gesprochen (z. B. Norwegisch, Dänisch, Schwedisch, Englisch, Niederländisch, Afrikaans, Jiddisch). Einer der ältesten schriftlich belegten germanischen Dialekte ist die gotische Sprache, welche schon einige Jahrhunderte vor Christus ausgestorben ist.

1. Die Übersicht belegt die Verwandtschaft der genannten Sprachen. Ergänze die Tabelle.

altindisch	griechisch	lateinisch	gotisch	englisch	neuhochdeutsch
matar	meter	mater	moder		
pitar	pater	pater	fadar		
naman	onoma	nomen	namo		
trayas	treis	tres	preis		
nava	neos	novus	niujis		*neu*

(Schlüsselteil)

2. Die ältesten Wörter unserer Sprache sind indogermanischen bzw. germanischen Ursprungs, man nennt sie Erbwörter. Sie geben Hinweise auf die Lebenswelt unserer Vorfahren.
   a) Schlage die Wörter **gerben** und **dengeln** in einem Herkunftswörterbuch nach.

   b) Welche der in der Liste genannten Wörter geben Hinweise auf eine höhere Entwicklungsstufe?
   Begründe!

   _____

   _____

   _____

   _____

   > mähen, Eisen,
   > Halm, Bogen,
   > weben, Honig,
   > Ross, König,
   > Hund, Bär, Eiche

3. Zur Römerzeit wurden viele Wörter aus dem Lateinischen in den germanischen Wortschatz übernommen. Dabei wurden Schreibweise und Lautung im Laufe der Jahrhunderte angepasst. Die so genannten Lehnwörter sind aber noch gut als solche erkennbar, wenn man sie mit dem lateinischen Wort vergleicht.
   Ordne zu:

postis, radix, caminus, caulis, fenestra, vinum, saccus, porta	Kamin, Wein, Pfosten, Fenster, Sack, Kohl, Pforte, Rettich

4. Zur Zeit des Absolutismus unter Ludwig XIV. gewann die französische Sprache großen Einfluss. Viele gebräuchliche Fremdwörter stammen aus dieser Zeit. Diese Wörter wurden – im Unterschied zu den Lehnwörtern – nicht eingedeutscht, sondern unverändert übernommen.

> Allee, Friseur, Bouillon, Serviette, Taille, Teint, Parfüm,
>
> Balkon, Fontäne, Delikatesse, Parterre, Omelett

a) Aus welchen drei Lebensbereichen stammen die Wörter? – Ordne!

Lebensbereich:			
Beispiele:			

b) Erkläre, warum gerade aus diesen Lebensbereichen Wörter übernommen wurden.

5. Auch Mundartausdrücke spiegeln geschichtliche Einflüsse auf die Sprache wider. So hat sich z. B. im Nürnberger Raum eine ganze Reihe von Bezeichnungen erhalten. Sie erinnern an die Zeit, als Bayern – Ende des 18. Jahrhunderts – unter dem Einfluss Napoleons stand.

Wenn man spät dran ist, dann „bressiert" es.
Wenn etwas ärgerlich ist, tut man sich „eschoffiern".
Man fährt beim Einparken ein Stück „reduur".
Manche Kinder sind nicht auf den Kopf gefallen, sondern „wief".
Fußgänger laufen auf dem „Droddwar".

a) Suche neuhochdeutsche Bezeichnungen für die verwendeten Mundartausdrücke.

bressiern _____

eschoffiern _____

reduur _____

wief _____

Droddwar _____

b) Schlage in einem deutsch-französischen Wörterbuch die Schreibweise und die Bedeutung der französischen Stammwörter nach.

Dialekt, Umgangs- und Standardsprache situativ richtig gebrauchen

Interview mit Fitzgerald Kusz über die Bewertung von Mundart im Schulzeugnis

„Das grenzt an Diskriminierung"

Viel Gefühl im Dialekt – alles Mögliche wird reingewurstelt: Kein Reinheitsgebot für die Sprache

Einem achtjährigen Oberbayern wurde ins Schulzeugnis geschrieben, er habe „Probleme, sich verständlich zu machen, da er zu
5 Hause nur bairisch" rede. Nach dem Protest der Eltern wurde der letzte Halbsatz gestrichen (wir berichteten gestern). Wir sprachen da-
10 rüber mit dem bekannten fränkischen Dialektdichter und ehemaligen Lehrer Fitzgerald Kusz.

15 *Wurden Sie als Schüler wegen Ihrer fränkischen Mundart gerügt?*

Kusz: Nein, mein Vater war Berliner, so war ich schon als
20 Kind im Dialekt zweisprachig. Und das Umschalten aufs Hochdeutsche war dann nicht mehr das große Problem. Aber: Die Bemerkung im
25 Zeugnis des oberbayerischen Buben grenzt für mich an Diskriminierung. So etwas gehört nicht in ein Schuldokument.

Als Lehrer an der Peter-
30 *Vischer-Schule haben Sie mit Gymnasiasten das Fränkische durchgenommen ...*

Kusz: Ja, das ist Unterrichtsgegenstand in der achten
35 Klasse. Das Kultusministerium will ja das Gefühl für die Heimat fördern. Im Dialekt schwingt der ganze emotionale Bereich mit: Wenn ich
40 Hochdeutsch von der „Sonne"

rede, klingt das sachlich, nach Wetterbericht. Wenn ich aber „di Sunna" sage, dann ist das was ganz anderes. Das strahlt
45 noch viel mehr, da ist eine größere Wärme drin, es geht einem regelrecht eine Lampe auf.

Haben Ihre Schüler das
50 *auch so gespürt?*

Kusz: Viele haben instinktiv reagiert. Wenn einer auf dem Stuhl herumgekippelt hat und ich zu ihm gesagt habe
55 „Hock di gscheid hi", dann haben sie das auch getan. Wenn ich gesagt hätte „Sitz gerade", hätten sie wahrscheinlich nur gelacht.

60 *Aber wenn Sie jetzt an eine Nürnberger Hauptschulklasse denken, in der die Schüler Türkisch, Italienisch, Spanisch, Russisch und Deutsch spre-*
65 *chen. Macht Fränkisch in dem Sprachgewirr überhaupt noch einen Sinn?*

Kusz: Es ist klar, dass der Lehrer auf Hochdeutsch als
70 Verkehrssprache bestehen muss und nicht knallhart auf Fränkisch bestehen kann. Man sollte aber das eine nicht mit dem anderen austreiben. Als
75 alter 68er meine ich, dass sich die Jugendlichen erst einmal artikulieren müssen, in welcher Sprache auch immer. In England sagt man dazu
80 „fluency before correctness" –

Fitzgerald Kusz

flüssiges Sprechen geht vor grammatikalisch richtigen Ausdruck.

Der CSU-Landtagsabge-
85 *ordnete Peter Gauweiler hat wegen der Zeugnisbemerkung gleich einen Bericht im Landtag zur „Rettung der bayerischen Sprache" gefordert.*
90 *Was können Sie ihm als fränkischen Trost zuflüstern?*

Kusz: Ich sehe das ganz cool vom linguistischen Standpunkt. Wenn eine Spra-
95 che sich nicht selbst am Leben erhält, helfen auch keine administrativen Maßnahmen. Zum Glück. Denn der Dialekt bleibt doch nicht stehen, er
100 entwickelt sich weiter, es wird alles Mögliche reingewurstelt. Das hält ihn lebendig. Es gibt Gott sei Dank kein Reinheitsgebot für die Sprache.
105 *Interview: HARTMUT VOIGT*

Lehrerin hatte achtjährigen Buben aus Otterfing für seinen bayerischen Dialekt getadelt

„So was g'hört doch ned ins Zeugnis"

Beurteilung: „Er hat Probleme, da er zu Hause nur bairisch redet." – Der Satz wird jetzt gestrichen.

MIESBACH (dpa) – Wer Mundart spricht, darf dafür nicht im Zeugnis getadelt werden.

Eine Lehrerin hatte einem Achtjährigen aus dem Kreis Miesbach zum Abschluss der zweiten Klasse
5 attestiert, er habe „Probleme, sich verständlich zu machen, da er zu Hause nur bairisch" rede. Die Schule hat die Zeugnisbemerkung überprüft und „im Einvernehmen mit der Lehrkraft" entschieden, den letzten Halbsatz ersatzlos zu streichen, teilte das Kultusminis-
10 terium nun mit.

Denn der bayerische Ferienfrieden war durch den Dialekttadel nachhaltig gestört worden. Der CSU-Landtagsabgeordnete Peter Gauweiler hatte sich in einem „Brandbrief" an Kultusministerin Monika
15 Hohlmeier und Regierungschef Edmund Stoiber gewandt und schnellstmöglich einen Bericht im Parlament zur „Rettung der bairischen Sprache" verlangt. Es sei haarsträubend, dass Eltern inzwischen amtlich dafür getadelt würden, wenn sie mit ihren Kindern Dia-
20 lekt redeten.

Auch der oberbayerische Bezirksrat Hubert Dorn, Vorsitzender der „Bayernpartei", wandte sich an Hohlmeier. „Es wird höchste Zeit, dass Bayern seine Schulkinder vor wild gewordenen Einheitsdeutsch-Pädagogen schützt", heißt es darin. 25

Auch der Förderverein Bairischer Sprache hatte die Zeugnisbemerkung heftig als „diskriminierend" zurückgewiesen. Dialekt sei im Gegenteil sogar höchst nützlich, meinten Bayerns Sprachwahrer. Nach einer Untersuchung eines Forschungsinstitutes seien Dia- 30 lektkinder ihren „hochdeutschen" Mitschülern in der Rechtschreibung überlegen.

„Die Grundschule hat den Auftrag, Mundart zu fördern", sagte die Kultusministerin nun. „Es ist bedenklich, wenn Schülerinnen und Schüler für ihren Dialekt 35 in Einzelfällen kritisiert werden."

Die Eltern des kleinen Florian, Landwirte aus Otterfing im oberbayerischen Landkreis Miesbach, reagierten erleichtert. „Offensichtlich ham's eingesehen, dass so was ned ins Zeugnis g'hört", sagte die Mutter. „Das 40 ist doch eine Abwertung der bayerischen Kultur und Sprache."

---

1. In den Texten werden unterschiedliche Ansichten zum Dialekt geäußert. Schreibe in Stichpunkten einige Beispiele auf.

Vorzüge des Dialekts	Probleme beim Umgang mit dem Dialekt

2. Sollte deiner Meinung nach in der Schule Dialekt gesprochen werden? Zeige Möglichkeiten und Grenzen beim Umgang mit Dialekt und Standardsprache in der Schule auf. Gehe dabei auf deine eigenen Erfahrungen ein. Schreibe in dein Heft.

Eigene Texte bewusst gestalten

Schön sein – wer will das nicht? Das wissen die Geschäftemacher und bringen ein Wundermittel nach dem anderen auf den Markt. Helfen tun diese aber eh nicht. In der Werbung für einen Schlankheitsdrink wird mit einer jungen, durchtrainierten Frau geworben, um den Leuten vorzugaukeln, dass sie, wenn jener Drink gekauft wird, „rank und schlank" werden, ohne auch nur einen Finger krumm zu machen. Überall wird mit schönen Körpern geworben. Bei einer Buttermilchwerbung mit einem jungen Mann, der sehr gut aussieht, werden die Kunden gelockt, indem ihnen das Idealbild des Mannes vor Augen gehalten wird.

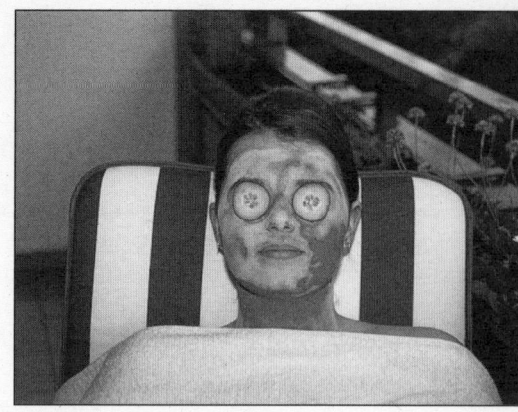

(Schülertext)

1. Wie könnte das Thema lauten, zu dem dieser Text verfasst wurde?

_____

2. Die Verfasserin hat bestimmte sprachliche Gestaltungsmittel verwendet. Schreibe jeweils das Beispiel heraus und erkläre, welche Wirkung dadurch erzielt wird.

rhetorische Frage: _____

Wirkung: _____

_____

Redewendung: _____

Wirkung: _____

_____

ironisch gemeinter Begriff: _____

Wirkung: _____

_____

3. Ein Satz ist in salopper Umgangssprache formuliert. Unterstreiche diesen Satz. Formuliere ihn so um, dass er besser zum gesamten Stil des Textes passt.

_____

4. Lässt sich der Text durch Satzverknüpfungen noch besser gestalten? Füge probeweise satz-
verknüpfende Wörter (z. B. deshalb – jedoch – so – freilich – ebenso – dagegen) in den Text ein.
In welchem Fall gefällt dir deine Lösung besser als der Originaltext? Schreibe diese Sätze in
überarbeiteter Form auf.

_____

_____

_____

_____

_____

_____

5. Schreibe einen eigenen Text zum Thema „Körperkult in der Werbung". Verwende in deinem Text
möglichst eine rhetorische Frage, eine bildhafte Redewendung und einen ironischen Satz oder
Begriff. Achte auf sinnvolle Satzverknüpfungen.

_____

_____

_____

_____

_____

_____

_____

_____

_____

_____

_____

_____

_____

Schlüsselteil

S. 47, Aufg. 3

Waagerecht:
fantasievoll, gewissenlos, waldreich, staubfrei, maßvoll, endlos, ausnahmsweise, mühelos, sinnvoll, kalkhaltig, zahlreich, leistungsfähig, zeitweise, sorgenfrei

Senkrechtes Lösungswort: terrassenartig

S. 50, Aufg. 4

Senkrecht:
1. Akkumulator, 2. Akkusativ, 3. Mokka, 4. Sakko, 5. akkurat, 6. Akkordeon, 7. Skizze, 8. Intermezzo, 9. Razzia

Waagerecht:
10. Akkord, 11. Pizza

S. 51, Aufg. 7

konkret	offensiv
theoretisch	subjektiv
passiv	optimistisch
positiv	relativ

S. 56, Aufg. 3

Mir wird **angst** und bange. Ihm **Angst** zu machen finde ich nicht gut. Sie hat große **Angst**.
Manchmal bin ich es so **leid**. Es tut mir sehr **Leid**. Lass es dir nicht **leid** werden!
Er trägt keine **Schuld** daran. Wir sind selbst **schuld** an dem Dilemma. Sie gibt ihm wieder die **Schuld**.
Du hast ja **Recht**. Mir ist es gerade **recht**. Du hast **Recht** behalten. Ich muss dir **Recht** geben.
Du musst endlich **Ernst** machen mit dem harten Training. Das ist mir sehr **ernst**. Er kann einfach nicht **ernst** bleiben.
Das ist mir die Sache **wert**. Es ist nicht der Mühe **wert**. Auf Zuverlässigkeit lege ich großen **Wert**.

S. 57, Aufg. 2

Der Termin muss endgültig **feststehen**.
Du darfst dich nicht so **kaputtmachen**.
Ich werde nie mehr **schwarzfahren**.
Vielleicht kann sie doch **wahrsagen**.
Du solltest sie nicht überall **schlecht machen**.
Das wird ihr sicher nicht **leicht fallen**.
Den Betrieb werden sie bald **dichtmachen**.
Er darf nicht noch einmal **blaumachen**.
Sie wird ihn wahrscheinlich niemals **zufrieden lassen**.

S. 60, Aufg. 1 a

Klimaänderungen lassen sich nur bei Betrachtung langer erdgeschichtlicher Zeiträume erkennen, im Laufe der Erdgeschichte war das weltweite Klima immer wieder zum Teil starken Änderungen unterworfen.
Für die Ursachen von Klimaänderungen wurde bis heute trotz zahlreicher Theorien keine befriedigende, allgemein gültige Erklärung gefunden. Als Ursachen kommen die Schwankungen der zugestrahlten Sonnenenergie, die Bewegung des Sonnensystems in der Milchstraße sowie die Bewegung der kontinentalen Erdplatten in Frage. Durch das Auseinanderbrechen oder durch die Kollision von Platten öffnen bzw. schließen sich Meeresarme, neue Meeresströmungen entstehen bzw. werden abgelenkt. Die Wasserverteilung und die Wärmeverteilung in den Weltmeeren ändern sich, das kann zu Auswirkungen auf das Weltklima führen.
Erdgeschichtliche Klimaänderungen lassen sich anhand von Gesteinsablagerungen, durch Vereisungsspuren und in Eisbohrkernen nachweisen. Die Sahara beispielsweise war einst von Gletschern überzogen, die heutige Wüstenregion lag damals im Bereich des Südpols und vor etwa 65 Millionen Jahren herrschte dort ein tropisches wechselfeuchtes Klima.

S. 61, Aufg. 1

Alternative Energiequellen, die nach wie vor zu wenig genutzt werden, kommen ohne fossile Brennstoffe aus.
In vielen Haushalten ist es möglich, umweltverträgliche Stromerzeugung zu fördern, weil so genannter Ökostrom von vielen Elektrizitätswerken angeboten wird.
Die höheren Kosten sind ein Grund dafür, dass Ökostrom schlechter vermarktet werden kann.
Alle sind für Umweltschutz, obwohl nur wenige dafür auch erhöhte Preise in Kauf nehmen.
Es ist kein Wunder, dass die Investoren sich zurückhalten.

S. 62, Aufg. 2

Seit 1850 ist die Temperatur weltweit um etwa 1 °C angestiegen. Nach wie vor nicht ganz geklärt ist jedoch, <u>ob</u> dieser nachweisbare Anstieg nur auf den Einfluss des Menschen – <u>etwa die gestiegenen Kohlendioxidemissionen</u> – zurückzuführen ist oder <u>ob</u> und <u>inwieweit</u> auch natürliche Klimaveränderungen daran beteiligt sind. Schließlich wäre es auch plausibel, <u>dass</u> der Anstieg innerhalb einer natürlichen Schwankungsbreite des globalen Klimas liegt. Derartige Schwankungen wurden für Zeiträume von Zehntausenden von Jahren festgestellt und sie zeigen sich sowohl in längeren als auch in kürzeren Zyklen. Wissenschaftliche Untersuchungen ergaben, <u>dass</u> vor allem die vergleichsweise hohen Temperaturen während der Winter im Lauf des 20. Jahrhunderts zur globalen Erwärmung beitrugen. Seit 1890 sind mit Ausnahme der Sechzigerjahre die durchschnittlichen Wintertemperaturen aller Dekaden als sehr mild bewertet worden. Die Unsicherheiten in der Ursachenerforschung sind aber auch einer der Gründe, <u>weshalb</u> Maßnahmen zur Begrenzung des Kohlendioxidausstoßes von manchen Ländern – <u>wie etwa den USA</u> – immer noch nicht oder nicht in dem Ausmaß wie in anderen Staaten gesetzlich durchgesetzt werden. Dennoch sind die Gefahren, <u>die</u> mit einer globalen Erwärmung zusammenhängen, so groß und die Folgen so weit reichend, <u>dass</u> alle international führenden Wissenschaftler ein schnelles Handeln und eine internationale Zusammenarbeit fordern.

S. 63, Aufg. 1

Rucksacktouristen, <u>d. h. Urlauber ohne großes Reisegepäck,</u> sind oft keine gern gesehenen Urlaubsgäste. Sie sind meist aufs Geratewohl unterwegs, <u>nämlich ohne etwas gebucht zu haben,</u> und geben in der Regel recht wenig Geld aus. Die Hotels und Restaurants machen mit dieser Gruppe von Touristen nur wenig Geschäft. Andererseits beanspruchen die Rucksacktouristen, <u>das ist logisch,</u> öffentliche Einrichtungen und damit die Infrastruktur des Gastlandes. Die dadurch anfallenden Kosten können im Gegensatz zum Pauschaltourismus nicht über erhöhte Umsätze, <u>d. h. durch ein erhöhtes Steueraufkommen,</u> ausgeglichen werden. Reisegesellschaften bieten inzwischen organisierten Trekking-Urlaub an, <u>eine Möglichkeit, die Abenteuerlichkeit des Trekkings mit den Annehmlichkeiten des Reisemanagements zu verbinden.</u>

S. 74, Aufg. 1

englisch	neuhochdeutsch
mother	Mutter
father	Vater
name	Name
three	drei
new	neu

Volksschule Miltenberg
-Hauptschule-
mit Mittlere-Reife-Zug
Luitpoldstraße 8
63897 Miltenberg
Tel: (09371) 89 62
Fax (09371) 99 662
e-Mail: hsmil.verwalt@t-online.de

Name:		Note:	
Thema:		Datum:	
		Zeit:	Raum:

Freiwillige 10. Klasse der Hauptschule
Abschlussprüfung 1999
Deutsch
Mündliche Prüfung (Referat)

Bewertungskriterien*:

| | Erreichbar | Erreichte Punktzahl |

1. Vorbereitung:
-Angaben zur Informationsbeschaffung,
-Schwerpunktsetzung
-Arbeitsaufwand

3 Punkte

2. Vortrag
-Flüssigkeit,
-Wortwahl (Fachausdrücke),
-Verständlichkeit,
-Gesamteindruck

4 Punkte

3. Inhalt
-Sachliche Richtigkeit (2 Pkt)
-klarer Aufbau (logische Reihenfolge)
-Gewichtung von Haupt- u. Nebenpunkten (2 Pkt)
-Reichhaltigkeit
-Verständlichkeit (2 Pkt)

8 Punkte

4. Zusatzfragen
-Hintergrundwissen, persönliche Stellungnahme, sprachliche Gewandtheit

5 Punkte

Bewertungsschlüssel:

Punkte	20 - 19	18,5 – 17	16,5 - 13	12,5 - 9	8,5 - 7	6,5 - 0
Note	1	2	3	4	5	6

Prüfer: _____   _____

* Der nachfolgende Vorschlag zur Gewichtung der Kriterien kann je nach Thema variieren